World Cities Day October 31

BETTER CITY, BETTER LIFE

城市，让生活更美好

扫码观看2020年世界城市日主题公益宣传片
Scanning the Theme Film of World City Day 2020

SELECTED SPEECHES OF 2020 WORLD CITIES DAY EVENTS

世界城市日活动成果精粹 · 2020

上海市住房和城乡建设管理委员会
福州市人民政府
上海世界城市日事务协调中心
上海市住房和城乡建设管理委员会科学技术委员会事务中心
编

上海科学技术出版社

图书在版编目（CIP）数据

世界城市日活动成果精粹. 2020 / 上海市住房和城乡建设管理委员会等编. -- 上海 : 上海科学技术出版社, 2021.10
ISBN 978-7-5478-5525-6

Ⅰ. ①世… Ⅱ. ①上… Ⅲ. ①城市管理－世界－2020－文集 Ⅳ. ①F299.1-53

中国版本图书馆CIP数据核字(2021)第209733号

责任编辑 董怡萍 楼玲玲 汪 茜
封面设计 赵 军

世界城市日活动成果精粹·2020

上海市住房和城乡建设管理委员会
福州市人民政府
上海世界城市日事务协调中心
上海市住房和城乡建设管理委员会科学技术委员会事务中心
编

上海世纪出版（集团）有限公司
上海科学技术出版社
出版、发行
（上海市闵行区号景路159弄A座9F-10F）
邮政编码201101 www.sstp.cn
上海中华商务联合印刷有限公司印刷
开本 787×1092 1/16 印张 9.75
字数 350千字
2021年10月第1版 2021年10月第1次印刷
ISBN 978-7-5478-5525-6 / TU·316
定价：108.00元

编纂委员会

COMPILATION COMMITTEE

序一

Preface Ⅰ

安东尼奥·古特雷斯

联合国秘书长

值此世界城市日之际，特别需要表彰城镇基层社区做出的突出贡献。在应对新冠肺炎疫情中，社区的价值骤然彰显。城市在面临大疫时首当其冲受到影响，城区已成为全球55%人口的家园，而到2050年，这一数字预计将增加到68%。

身处这个快速城市化的世界，我们必须有效地应对疫情，同时为应对未来传染性疾病的暴发做好准备。

疫情经常让公共卫生和后勤服务应接不暇，此时城市社区组织起来保证了居民安全、确保了居民的生活正常运转，并与中央和地方政府密切合作，支持官方的应对措施。我们看到疫情期间邻里互相照料，为病患和老年人做饭、购物，居民为医务人员加油鼓劲，义工和志愿团体也纷纷组织起来扶助弱势群体。社区富有创造力、适应力和主动性，在构建经济、社会和环境三方面均衡发展的可持续城市中扮演着关键角色。

让我们坚持对社区价值的这种认可。当我们从疫情中恢复，并参与到可持续发展目标十年行动中，我们将有机会调整生活和交往方式。本地行动乃是关键！城市社区参与到政策和决策制订中，并获得资金支持，所取得的成果将更具包容性和持久性。让我们将社区置于未来城市的核心。

（2020年世界城市日全球主场致辞，纳库鲁）

序二

Preface Ⅱ

迈穆娜·穆赫德·谢里夫

联合国副秘书长、联合国人居署执行主任

自2014年在上海首次举行世界城市日的庆祝活动以来，越来越多的城市相互交流、共同分享城市发展的经验。我谨代表联合国人居署感谢中国、感谢上海一直把人民放在最重要的中心位置，以为人们创造更好的生活为目标。

2020年世界城市日的主题是“提升社区和城市品质”，我们要把承诺变成行动，让社会经济的发展、环境的保护和创新能够更好地为人们服务。2020年世界城市日的庆祝活动是在全球疫情防控的背景下举行的，疫情影响了全球数以亿计人的生活和工作，很多国家的经济发展、社会发展停滞不前。生产和生活要恢复，城市必须发挥领导作用。

疫情让我们看到社区可以让城市变得更加有韧性，城市必须要更加努力，在未来更好地实现可持续发展。联合国人居署希望能够和更多的中国城市合作，将人放在最重要的位置，共同打造以人为本的健康生活。同时，地方政府必须采取行动，在应对疫情方面采取创新性的做法。很多中国城市的领导人非常有决心，《上海手册——21世纪城市可持续发展指南·2020年度报告》也分享了很多应对疫情的创新案例。如果能够将社区层面的力量整合起来，那么会更具有可持续性。

一个有远见的政府加上地区政府的支持和投入，让各个利益相关方参与其中，此外还有诸多研究机构、妇女组织和其他社会各界代表的共同努力，会让这个计划更有效果，能够帮助各个国家、各个城市将书面的讨论转化为实际行动。

要回到正确的轨道，打造一个有韧性、包容性、绿色的社会，所面临的挑战很多。希望大家共同努力，一起充满信心地应对这些挑战。让城市，让我们的生活变得更好。

（2020年世界城市日上海主场暨全球城市论坛致辞，上海）

序三

Preface Ⅲ

龚　正

上海市市长

尊敬的肯雅塔总统，谢里夫执行主任，

尊敬的李强书记，

各位嘉宾，女士们、先生们：

很高兴和大家共同参加2020年世界城市日上海主场暨全球城市论坛。中国有句古话，海内存知己，天涯若比邻。时值全球抗疫的特殊时期，本次论坛采取“线上+线下”的方式举办，共商城市治理议题，共叙新老朋友情谊。在此，我谨代表中共上海市委、上海市人民政府，向出席本次活动的中外嘉宾，表示热烈的欢迎。

十年前的今天，举世瞩目的中国2010年上海世博会在黄浦江畔圆满落幕。**世界城市日作为联合国设立的首个以城市为主题的国际日，传承着上海世博会“城市，让生活更美好”的理念。**全球城市论坛作为世界城市日的重要主题活动之一，已经成为城市治理领域汇聚众智、共谋发展的重要国际合作交流平台。今年的世界城市日以“提升社区和城市品质”为主题，从城市和社区两个层面切入，探讨统筹规划建设管理三大环节、统筹生产生活生态三大布局的新思路、新举措，这对于我们共同构建更具包容性、安全性、韧性的城市家园，具有十分重要的现实意义。

《上海手册》是上海世博会的重要精神遗产，自2011年首次发布以来，致力于向世界分享各国城市发展的成功经验，已经成为世界城市日的重要品牌。今天，联合国人居署执行主任谢里夫女士和上海市委书记李强先生将共同在线发布第六版暨2020年《上海手册》。最新一版的《上海手册》，响应联合国《2030年可持续发展议程》和

《新城市议程》对建设“可持续城市和社区”的倡议，从社会、经济、生态环境、城市治理、文化、国际合作等六个维度，深度分析了全球20个城市的实践案例，深刻诠释了提升社区和城市品质对实现可持续发展的重要作用，将为城市管理者、研究者提供有益的借鉴参考。

世界城市日活动是上海学习借鉴各国城市先进经验的好渠道、好机会。当前，上海正深入践行“人民城市人民建，人民城市为人民”的重要理念，加快建设具有世界影响力的社会主义现代化国际大都市。**我们将着力推动高质量发展，**强化全球资源配置、科技创新策源、高端产业引领、开放枢纽门户“四大功能”，深化国际经济、金融、贸易、航运、科创中心“五个中心”建设，加快成为国内大循环的中心节点、国内国际双循环的战略链接。**我们将着力创造高品质生活，**不断破解养老服务、托育服务、旧区改造、乡村振兴等民生难题，不断地提高市民的获得感、幸福感、安全感。**我们将着力实现高效能治理，**推进政务服务“一网通办”、城市运行“一网统管”“两张网”建设，持续提升城市和社区治理的现代化水平。**我们希望**把上海打造成一座“人人都有人生出彩机会、人人都能有序参与治理、人人都能享有品质生活、人人都能切实感受温度、人人都能拥有归属认同”的城市，谱写出新时代“城市，让生活更美好”的新篇章。

当今世界正面临百年未有之大变局，大变局下更需要我们树立人类命运共同体意识。在世界城市日这个开放的平台上，希望大家畅所欲言、各抒己见，让理念的交流碰撞出思想的火花，共同为破解城市发展难题、提高城市治理水平、创造美好城市生活出谋划策，提供宝贵的经验和启迪。

最后，预祝本次活动取得圆满成功！祝各位嘉宾生活愉快、身体健康！

谢谢大家！

（2020年世界城市日上海主场暨全球城市论坛致辞，上海）

前言
Foreword

今天，2020年世界城市日中国主场活动在福州隆重举行。围绕贯彻落实习近平总书记关于以人民为中心、推进城市建设等系列重要论述，围绕“提升社区和城市品质”的活动主题，与会城市和中外嘉宾进行深入交流，就城市建设、社区治理等重要问题达成一系列共识。谨发表如下倡议：

我们认识到，智慧城市是城市未来发展的大势所趋，是科技与城市的结合体。让城市更聪明一些、更智慧一些，是推动城市治理体系和治理能力现代化的必由之路。

我们认识到，社区是城市的细胞，是城市治理的“最后一公里”。必须把城市治理的重心下沉到社区，把更多的资源、服务、管理延伸到社区。

我们认识到，生态是城市发展的最美底色。提升社区和城市品质必须尊重自然、顺应自然、保护自然，既要重视城市发展，更要重视生态环境保护。

我们认识到，文化是一座城市的灵魂，是城市内涵的体现。必须保护好历史文化遗产，守护好城市的“根”和“魂”，让传统与现代交相辉映。

我们认识到，安全是城市发展的底线。必须把安全放在更加突出的位置，建立高质量的城市安全系统，打造韧性城市。

我们倡议，坚持共建、共治、共享理念，加强数字城市、智慧城市建设，完善城市信息化基础设施，把新一代信息技术应用融入城市治理、市民生活中，延伸到每一个社区、每一个家庭。

我们倡议，坚持生态优先理念，发展绿色经济，推进节能减排，开展生态修复，倡导绿色生活，构建资源节约、环境友好的生产生活方式，让城市再现绿水青山。

我们倡议，坚持传统与现代统筹兼顾，加强古厝、历史街区、传统村落等文化遗产保护和传承，赋予优秀历史文化新的内涵、新的活力，推进古今文化、多元文化在城市中激荡碰撞、互动交融、繁荣发展。

我们倡议，坚持以人民为中心的发展思想，聚焦人民群众的需求，推进城市更新，发展公共服务，补齐民生短板，完善安全保障体系，营造更加安全、文明、美好的城市环境。

我们呼吁，紧紧围绕“城市，让生活更美好”的永恒主题，持续落实《2030年可持续发展议程》和《新城市议程》，全面汇聚全球城市发展的经验智慧，高品质推动城市建设，让城市成为人民群众宜居宜业的乐园，让人民群众在城市生活得更加舒心、更加幸福。让我们携起手来，齐心协力，锐意进取，不断开创城市生活更加美好的未来！

（2020年世界城市日中国主场《福州倡议》，福州）

目　录

CONTENTS

目

录

第一章

Chapter 01

创新发展与城市数字化建设

新基建如何带动智慧城市建设[1]

刘志毅
商汤智能产业研究院主任

1. 背景：随着城市化进程的加快，城市问题亟待解决

全球城市化进程势不可挡。预计到2050年，城镇人口将达到世界总人口的近70%。然而，我国城镇化率与发达国家仍有20个百分点左右的差距，我国城镇人口仍在以每年2%～3%的速度增长（城镇人口基数超过8亿）。城镇人口密度不断增加，预计到2020年底，中国城镇人口密度将达到2 600人/km^{2}左右。

图1显示了2009—2018年中国城镇人口的变化趋势。如下方柱状图所示，2009年，中国城镇人口接近6亿人。虽然在接下来的几年里，同比增速有所下降，但新的机遇和挑战依然存在。

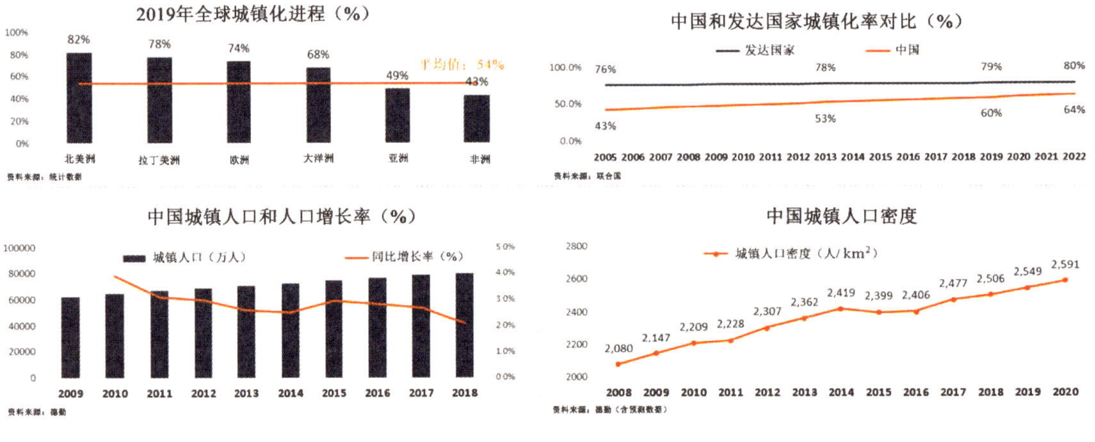

图1　城市化分析总结

2. 现状：政府大力推进智慧城市试点项目建设

为了应对城镇化带来的严峻挑战，中国自2012年开始大规模开展智慧城市试点项目，并且不断扩大范围，将其提升至国家战略层面。2018年，我国政府明确提出分层次建设100座新型智慧城市的目标。

1　本文摘自作者在“2020全球城市论坛”上的演讲。

从2012年到2018年，我国围绕这一主题推出多项顶层战略。2012年，住房和城乡建设部（简称“住建部”）提出综合运用现代科学技术，整合信息资源，协调业务应用体系，加强城市规划、建设和管理。2013年，住建部再次提出通过集约化、智能化、绿色低碳的新型城镇化建设来刺激内需，推动产业转型升级。2014年，国家发展和改革委员会提出利用物联网、云计算、大数据、空间地理信息系统等新一代信息技术。2015年，国家互联网信息办公室提出推动新一代信息技术与城市现代化进程深度融合和迭代演进，打造城乡协调发展新生态。2018年，国务院宣布将开展便民惠民服务、建立透明高效的电子政府、打造融合创新的信息经济、实现精准到位的城市治理、形成安全可靠的运行体系。除了顶层战略以外，国家还推出了一系列配套政策（表1）。

表1　配套政策

序号	出台时间	政策名称	序号	出台时间	政策名称
1	2012.11	《国家智慧城市试点项目暂行管理办法》	7	2016.11	《关于组织开展新型智慧城市评价工作实务　推动新型智慧城市健康快速发展的通知》
2	2012.11	国家智慧城市（区、镇）试点指标体系	8	2016.12	新型智慧城市评价指标（2016年）
3	2013.08	《国务院关于促进信息消费扩大内需的若干意见》	9	2017.01	《推进智慧交通发展行动计划（2017—2020年）》
4	2014.03	《国家新型城镇化规划（2014—2020年）》	10	2017.07	《新一代人工智能发展规划》
5	2014.08	《关于促进智慧城市健康发展的指导意见》	11	2017.09	《智慧城市时空大数据与云平台建设技术大纲》（2017版）
6	2015.01	《关于促进智慧旅游发展的指导意见》	12	2017.09	《智慧交通让出行更便捷行动方案（2017—2020年）》

3. 关于“新基建”——明确政策路线

自2018年以来，政府一直在逐步推进新型基础设施建设。2018年12月，中央经济工作会议提出，加快5G商用步伐，加强人工智能、工业互联网、物联网等新型基础设施建设，加大城际交通、物流、市政基础设施等投资力度，补齐农村基础设施和公共服务设施建设短板。2019年3月，《政府工作报告》提出，加大城际交通、物流、市政、灾害防治、民用和通用航空等基础设施投资力度，加强新一代信息基础设施建设。4个月后，中共中央政治局会议提出“加快信息网络等新型基础设施建设”。2020年1月，国务院常务会议指出，要着眼国家长远发展，加强战略性、网络型基础设施建设，推进川藏铁路等重大项目建设，稳步推进通信网络建设，加快自然灾害防治重大工程实施，加强市政管网、城市停车场、冷链物流等建设，加快农村公路、信息、水利等设施建设。2个月后，中共中央政治局常务委员会会议提出，要加快5G网络、数据中心等新型基础设施建设进度。2020年5月，《政府工作报告》提出，加强新型基础设施建设，发展新一代信息网络，拓展5G应用，建设数据中心，增加充电桩、换电站等设施，推广新能源汽车。

4.“新基建”推动智慧城市发展步入快车道

“新基建”对智慧城市的推动作用主要体现在以下三个方面：

第一，“新基建”推动社会治理智能化创新进程，让社会治理更加精细、高效、便捷、安全，加快建设智慧社会。

第二，“新基建”通过提高生产决策的智能化程度，加速智能化生产，推动数字经济发展。

第三，“新基建”在疫情防控期间推动“5G+教育”模式的普及，为市民生活提供便利，使医疗资源配置突破空间限制。

5. AI智慧城市落地场景分类

“智慧”产业规划由政府主导，由智慧产业链模式引领，旨在构建人工智能产业模式，大力发展人工智能科技产业，相互促进，提升城市智慧管理、智慧生态、智慧生活建设水平，形成一核三体系的产业发展框架（图2）。

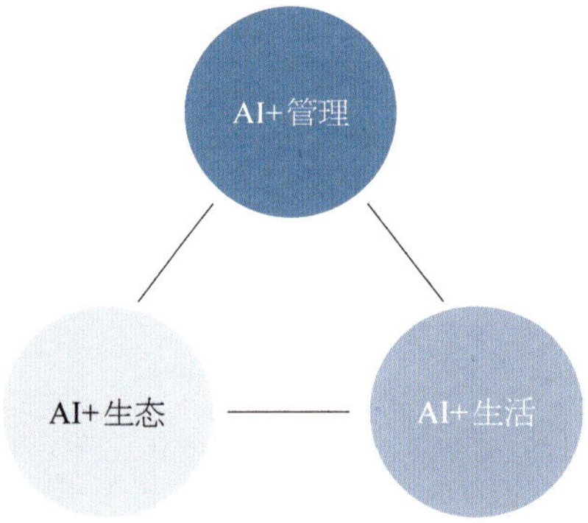

图2　一核三体系

6. 应用领域：国家和市场需求驱动

智慧城市结构模型由基础设施、智慧中心和应用服务三部分组成：基础设施包括智能电网设施、智能计算设施、互联网连接设施和终端感知设施；智慧中心包括时空大数据平台和城市信息模型平台；应用服务包括行业应用和超级应用。

7. 智慧建筑：上海“临港”虚拟城市案例研究

2017年，上海临港启动“智慧临港BIM+GIS城市大数据平台”建设，通过BIM+GIS构建精细化的“虚拟临港”。

该平台是国内外首个城市级地理建筑设施融合的数据平台，覆盖整个临港315 km^2的城市空间，原样复制了整个城市的建筑地理构造。

该平台可以实时感知城市人口热力图、交通车流、停车库状态、视频监控等城市运行动态，还能通过无人机进行图像自动识别分析，智能发现城市异常问题，并对未来发展进行推演和预测。

多年来，商汤科技的产品一直通过改善社会治理、赋能产业、造福人民，支持智慧城市建设。我们坚持原创，让人工智能引领人类进步。

数字孪生城市关键技术与典型应用[1]

贺仁龙
上海流程智造科技创新研究院院长

各级政府都在加快规划和推进数据开放、经济发展、网络空间等建设。比如，自然资源部推动在国家测绘基准体系建设与精细化、实景三维中国建设、海洋测绘、内陆水下测绘等方向凝练形成大项目、大工程，以实现“三维立体自然资源一张图”。其中涉及很多领域，不仅包括地产建设、城市基础设施建设，还包括工业、地图、资本市场方面。一个大城市的经济总量是非常巨大的，运营状况也极其复杂，一旦实现精细化管理，就会带来很高的效率。

数字孪生城市是新型智慧城市的新模式和必然选择，尤其是上海这种超大型城市，在2016年之后中国就开始走向数字孪生城市。

数字孪生城市整体处于从概念到技术方案的建构期，广受社会关注。以虚控实、共同建设的过程会带来一些产业的变化。类似于操作系统，能够实现互联互通，然后变成城市群。传统智慧城市平台层的外延，内涵逐步扩张，形成数字孪生城市的智能运行中枢（或城市大脑），成为强大的数据资源枢纽和能力赋能中心。

1. 构建数字孪生城市的四个核心平台

构建数字孪生城市的四个核心平台分别为：

（1）泛在感知和智能设施的管理平台，包括消防局相应的平台、对城市感知体系和智能化设施进行统一接入、设备管理和反向操控。

（2）城市大数据平台，汇聚全域全量政务和社会数据，与城市信息模型平台整合，可作为数据驱动治理模式的强大基础。

（3）城市信息模型平台，与城市大数据平台融合，成为城市的数字底座，是数字孪生城市精准映射虚实互动的核心。

（4）共性技术赋能与应用支撑平台，汇聚AI、大数据等新技术能力，场景模拟、仿真推演等模型能力，以及共性应用支撑能力。

城市与芯片里面纹理和曲线的复杂度相似，逻辑是同构的，在网上可以看到整个的静态数据加载了动态数据。

在规划设计建设管理中不断融入一些动态的数据，包括行业数据和城市运营数据，然后驱动整个数据，通过城市更新、城市变迁和城市治理将其真正结合在一起。通过数据识别来标识关联，然后构建知

1　本文摘自作者在“上海市建筑学会2020年学术高峰论坛”上的演讲。

识图谱。通过知识图谱的方式可以把知识进行转化，通过数据模型和数据结构这种方式和框架可以解读城市生命体征的数据。区块链可以解决建筑物各种实体之间数据交互的可信问题。

通过多个视角，在网上可以做到全量数据，并根据数据比较各种方案，比如城市风貌模型、基于全量数据构建各类分析模型。

2. 数字孪生技术的典型应用

（1）城市综合治理“一盘棋”

城市运行“一盘棋”管理，利用城市信息模型和叠加在模型上的多元数据集合，打造数字孪生城市大脑，可以实现全局统一调度和协同治理模式。优化城市交通，自动计算路网密度、时间可达性、空间可达性等多项指标，对路网进行分区、分段、总体的拓扑评价。城市部件统一数字化管理和调度，基于标准统一的数字编码标识体系的物联感知设施，能够为各类城市部件、基础设施赋予独一无二的数字“身份证”，实现对城市部件的智能感知、精准定位、故障发现和远程处置。

无人驾驶积累的数据越多，产业化程度越高。如果把城市的道路全部开放来进行无人驾驶，可以帮助积累数据，有利于经济发展。

（2）城市应急救援“提前演”

利用数字孪生技术及虚拟现实技术，可以模拟突发灾难的场景，让用户身临其境，更加生动地体验在紧急事件发生时每个行动所带来的后果。比如今年疫情发生后，基于数字孪生技术，根据卫健委的数据、医院的数据、预算应急的物资数量等数据，快速作出反应，开展预演、演练。

在构建数字孪生城市的过程中需要的六大关键技术：新型测绘；标识感知；协同计算；全要素表达；模拟仿真；深度学习。

智慧城市让城市成为智慧生命体，通过信息通信建设和新基建的研究，基本支持实体产业深度融合发展。

建筑业数字化转型如何助力城市韧性建设[1]

孙晓乾
奥雅纳副董事、中国区风险与韧性业务负责人

奥雅纳在开展关于城市韧性指标体系方面的研究工作，让城市韧性慢慢地从概念变成指标，并且量化指导具体的城市设计，以提升城市的韧性。

疫情发生后，原本50年以后考虑的事情开始提前纳入考量。由于世界没有如预测一样呈现出线性的规划，因此现在就要对城市韧性进行考虑。从防灾避难的思路转到对城市的认识，风险与韧性本质的区别是从短期到长期、从已知到未知的转变。常规认为的风险是设备和资产，考虑的是系统的功能和恢复性，另外还有从被动到主动的恢复和适应的过程。传统的韧性不讲究时刻保持安全性，更多是动态平衡的问题。

1. 韧性城市建设需要考虑的问题

讨论韧性时需要考虑安全性标准的问题。不管是建筑、城市还是系统，从生命周期的第一天到结束，只需设计一条安全性标准。在当前的物联网与数字化时代，安全性标准随着时间慢慢降低。一方面是因为人们对灾害的可接受程度变低，另一方面是因为网络时代带来了压力，放大了灾害的影响。考虑韧性时需要在整个生命周期内不断地干预和调整，即使可接受程度在不断降低，也要让系统和城市始终保证满足安全标准。

韧性从理论到实践需要考虑很多问题，因为城市的韧性包含了很多子系统，其中需要考虑包括城市的流域等问题。比如在讨论上海的时候不能只考虑上海，还需要考虑长江，因为上海需要通过长江连接江苏甚至武汉。流域边界在城市领域里非常重要，包括气候与洪水等。考虑韧性的角度和维度层次很多，从最初级的韧性到组织的韧性，到子系统的韧性，到整个城市的韧性，再到一个国家的韧性。在城市韧性研究达到一定程度以后，则需要从国家层面考虑韧性，比如面对复杂的全球政治动荡如何去维持国家的韧性，以及SDG时期可持续发展的全球韧性问题。

奥雅纳主要从四个层面提升在认识韧性上的能力。

第一，通过在全球约30个城市，主要是在第三世界国家比如南非和越南等进行了城市韧性方面的评估和提升，构建城市韧性框架体系。

第二，进行前瞻性研究，公开发表白皮书。

第三，基于前瞻性的研究开发韧性工具，如水韧性的评估工具。

第四，前瞻性的研究最终服务于项目，从一开始确定整个韧性城市的框架，再到从整个城市规划阶段确定整个城市韧性，制定具体的韧性策略。与政府沟通确定在制度与政策层面如何提升城市的韧性，

1　本文摘自作者在“2020世界建筑环境论坛中国峰会”上的演讲。

比如给雄安新区政策层面的建议，最后落地到城市设计中。

奥雅纳从2013年开始与洛克菲勒基金会合作开发了CRI城市韧性指标体系，历时五年，已经比较成熟，可以用来评估新城市与既有城市的韧性，其中包含4个维度、12个韧性城市目标、26个城市系统和156个评价项，以打分的形式确定。

第一个维度关于健康和福祉，包含生活需求、健康和教育。

第二个维度关于经济和社会，包含整个城市的经济与财政、社会福利与文化、司法与警察体系等。

第三个维度关于基础设施与生态系统，包含交通、市政设施、环境与保护性基础设施。

第四个维度关于领导力和战略，主要从政府层面以及整个城市的利益相关方包含发展商等考虑这个问题。

这四个维度更多是放在西方国家的背景下，如果放在中国则可以作为参考，但还有待进一步发展。具体运用这一方法评价城市韧性的步骤为：对12个韧性城市目标和26个城市系统进行具体的量化与描述，说明其在具体城市中的意义；请各方面的专家对156个问题进行打分，得出评价结果。这个结果清楚地表现出城市的薄弱项与强项，将薄弱项作为下一步提升整个城市韧性的切入点。

2. 韧性城市建设的主要措施

中国建设韧性城市主要有六项措施。

第一，建立城市的风险普查与风险账本。当研究一个城市的韧性时，首先应知道城市存在的问题。纽约州立大学和加州大学伯克利分校对美国361个城市做了风险普查，发现40.2%的城市的风险水平处在较差和极差的水平。虽然美国有的城市的基础设施不一定有中国的好，但是美国作为发达国家有一定的借鉴作用，而中国城市未老先衰的问题特别严重。因此，做深入的风险普查和建立一个账本，这一数据库对于开展韧性提升与评估非常重要。

第二，利用韧性工程在城市的全生命周期中提升城市韧性。韧性工程是指用韧性的手法提升城市（包括各个子系统例如建筑结构、基础设施、技术、管理、组织、系统等）面对已知风险和未知风险的适应能力和反应能力。此外还要在全过程中对整个城市的风险进行把控。两院院士吴良镛提出现在不仅要重视整个城市，还要重视整个区域规划阶段面临的风险和安全问题。在规划阶段不能只看重表面上的光鲜亮丽，忽视风险与安全，这些问题会随着城市年龄增长而暴露，因此要考虑到整个生命周期。例如在设计雄安新区时，从韧性的角度考虑整个雄安的区域防灾以及供水，加强排涝基础设施建设。例如在香港，研究香港气候变化对海岸信息的影响，能够清楚地告知设计单位以及将来的开发商在盖楼时需要考虑的因素。

第三，更加关注城市隐蔽工程和生命线系统的可靠性。城市的隐蔽工程对于一个城市来说比高楼大厦更为重要，比如广泛分布的水管、燃气管等，就像整个城市的血液与神经，构成了整个城市的微生态系统，需要从韧性的角度更多地关注。

第四，运用大数据和数字化提升风险监控、指挥和处置水平。数字化已经到来，带来了很多的好处，能够很好地辅助政府和城市管理者进行决策，提升城市韧性和应变风险的能力。同时，数字化本身也带来了韧性问题，比如数字平台可能会失效。如果过度依赖数字化可能会造成一些问题。

第五，提高物流和供应链的保障能力。疫情中人们更多地依靠外卖与物流，反映出物流系统对于一个城市供应链保障能力的重要性。从韧性角度看，在设计城市时可以考虑一些比较创新的办法，比如地下物流的物流小车可以与地铁系统相结合，通过错时的方法在夜间利用地铁进行货物运输等，这在其他国家也有类似的案例。

第六，建立更加包容性的韧性文化。由于中国的体制，在面对韧性问题时往往是在强大政府的领导下应对灾害，但长期来讲是难以持续的。如果要实现可持续，提升社会大众对韧性的意识以及城市的韧性，需要利用市场和社区的资源。

面对当前快速变化和需要韧性的时代，奥雅纳在业务上做出了调整，在传统的咨询和建筑业务以外，设置了城市咨询的业务部门。城市的规划、创新、设计、落地以及数字化和风险韧性的全过程等，有利于提升城市的韧性，提升城市面对灾害实现持续健康的能力。

数字建造[1]

张　铭
上海建工集团股份有限公司副总工程师、上海建工四建集团有限公司副总裁/总工程师

1. 数字建造赋能创新发展

2020年，数字化是仅次于新冠的一个热点词，数字货币、数字化转型、数字企业等出现频率非常高，数字建造同样非常热门。2020年住房和城乡建设部联合13家部委提出了《关于推动智能建造和建筑工业化协同发展的指导意见》，从政府层面明确了建筑业发展的方向。我们对数字建造技术的研究和应用大概是从十年前BIM技术的应用开始的，从BIM到数字建造，到智能建造，到智慧建造，逐层提升。目前行业内对这四个层级的研究和实践都有，但总体上还处于起步阶段，包括对BIM技术的应用，都还存在着不少问题。为了方便，我们在这里统称为“数字建造”。

建筑业是一个传统的产业，我们建造了大量漂亮的建筑，但是建造手段可能还是比较落后。虽然近几年建造技术有了很大的发展，但是传统的建造还是存在着资源利用有效性、劳动生产率、产品质量、环境污染等方面的问题。麦肯锡2016年有一个报告显示，建筑业数字化的应用水平在各行业中排名倒数第二，仅比农业稍微高一点。

可喜的是，近十年来数字建造技术有了非常快的发展，数字建造技术十年的发展推动了绿色建造的发展、工业化建造的发展、精益建造的发展和复杂建筑高效建造的发展。而且由于数字建造技术的应用，现在很多复杂的建筑都能够得以实现。梳理一下，数字建造技术有着以下的主要应用点。

（1）深化设计

BIM技术在深化设计中大显神威。上海迪士尼乐园（图1）不是一个普通的建筑工程，而是一个包含建筑、游艺设施、假山等景观的乐园工程。如果沿用传统的建造手段，最终不可能有那么好的品质。迪士尼项目应用了数字化的深化设计手段，实现了精益建造。例如，其中的矿山飞车工程中的假山实际上并不是一座山，而是一个主钢结构+次钢结构+外面的钢筋网片的钢结构，再在表面喷射混凝土形成的，内部是中空的。矿山飞车的小车在里面运行的过程中，要保证轨道和人不能碰到旁边的任何结构，同时要保证里面的各种声光效果，而设备又要做得隐蔽。这是采用数字化的手段来完成的：首先捏出一个模型，然后进行三维扫描，并对这个模型一层一层的内部结构进行结构设计和表皮设计，接着将数字化的设计信息传递给加工厂，利用数字设备进行加工，最后在现场借助数字化的定位设备和构件的数字编码进行施工。除了假山，迪士尼最著名的是城堡，城堡整个的外形都是采用GRC、GRG部件，利用数字化手段进行细部深化设计的。当然，迪士尼的机电系统也非常复杂，必须用数字化的手段进行深化设计和碰撞检查。除了迪士尼，很多造型丰富的文化建筑也是通过数字化的手段进行深化设计的，然后在

1　本文摘自作者在“上海市建筑学会2020年学术高峰论坛”上的演讲。

图1　上海迪士尼乐园项目

这个基础上进行加工安装。

（2）施工策划

迪士尼乐园的小飞侠工程，其中非常多的机械设备和钢结构是通过4D技术对总体施工方案及重要工艺的施工过程进行模拟、定位的。又比如矿山飞车，借助BIM技术手段进行整个方案的策划，在施工过程中借助IPAD来进行网片和钢结构之间的定位。

（3）虚拟体验

做样板房需要花费很多的时间和费用，而且往往需要反复地做，而借助VR手段可快速便捷地进行初步的虚拟体验，设计师也可以借此与业主进行沟通。

（4）数字测绘

利用无人机倾斜摄影逆向建模技术，对一些大场地或者复杂场景的环境进行现场测绘，进而辅助进行方案策划。利用无人机测绘还可以对施工过程中的实际进度进行管控。

利用三维扫描技术可以辅助进行高精度的质量控制。例如在质子医院，质子从回旋加速区打出来，通过隧道打到质子治疗仓。质子治疗仓是由防辐射的大体积混凝土构筑而成的，里面钢筋密布又预埋了很多管线。这些管线的精度要求非常高，在钢筋和管线施工完成后，通过三维扫描技术获取其实际位置，并在电脑中与BIM模型进行比对，对超出误差限值的进行调整，完成后再次扫描，直至其偏差控制在限值范围后才进行混凝土的浇筑。

（5）BIM+智能监测

玉佛寺改建工程中，为了确保砖木结构的大雄宝殿在带着佛像平移和顶升过程中的安全（图2），我

图2　玉佛寺大雄宝殿平移工程

们将传感器采集到的各种参数信息实时加载到模型上进行监控，最终保证过程的安全。南京的金鹰天地超高层工程，在核心筒的钢平台提升过程和200 m高的空中连接体的提升过程中，同样借助BIM+智能监测技术来实时监测其姿态和受力情况。

（6）BIM+智慧工地

智慧工地的应用非常多，比如说可以监测场地中材料的进出、人员的进出和设备的安全状态。加上5G技术，还可以实时进行塔吊钢丝绳的安全性监测、人员状况安全监控等。

（7）工业化建造应用

数字技术在建筑工业化建造中能够发挥非常大的作用。我们在上海的第一个全预制装配的高架桥应用了数字建造的技术手段，将钢筋的模型和全自动的钢筋加工机械设备进行匹配。此外，我们还开发了工厂管理系统和现场安装管理系统。数字化加工的手段同样也可以在机电系统的预制装配化施工场景中应用。

（8）基于BIM的协同管理平台

我们将一个个孤立的应用集成到一个平台上，开发了基于BIM的协同管理平台，以BIM模型为数据载体，以智能手机、互联网、物联网为手段，收集施工进度、质量、安全、资料等信息，支持建设过程全方位集成化、精细化管理，提高管理能级。施工过程中的智慧工地、进度、安全、质量等所有的管控都可以集中在这个平台上，同时该平台支持模型轻量化的查看和数据的分析、决策。

（9）人工智能应用

人工智能技术可以应用在材料的点数上，我们自行开发了一个钢筋云点数的小程序，利用图像识别技术进行材料的计量。我们还做了工程资料的AI学习分析尝试。一个工程做完以后有大量的资料，但要在其中找某一份资料却非常不容易。我们通过文档的语义分析、图像分析，就能很方便地根据一些关键词来准确找到资料。

经过十年探索，数字建造技术发展很快，但总体上还处于起步阶段，面临很多困难，其中包括传统管理模式、手段、思想和现代化技术之间的碰撞，也存在着技术本身的不成熟，如软件的不成熟。

数字建造技术的研究和实践方面要做的工作还很多，我们要打造全产业链协同的数字建造，要打造全生命周期的数字建造。

2. 数字建造未来发展方向

（1）面向运维的数字建造

数字运维的目标是基于BIM集成建筑静态信息和动态运行信息，形成“数字孪生建筑”，引入大数据技术挖掘建筑和设备运维规律，实现主动式、绿色化建筑运营管理。在施工模型的验收方面，实际上很多工程的模型与现场施工不匹配，现在可以通过MR技术进行验收比对，对模型进行轻量化处理，对重点设备模型进行细化，对机电系统逻辑结构进行计算，也就是基于模型进行实际工程的验收接管。还要把这些模型跟实际工程中的设备进行匹配，现在利用物联网、传感器的技术已经构建了30多种楼宇智控系统，其中包括结构化的数据，也包含非结构化的数据，然后把异构的数据进行集成。我们利用开源的系统进行平台开发，实现空间管理、机电设备管理、能耗监管和报修服务管理，最终形成基于大数据的智能分析和预测性运维。

（2）面向更新改造的数字建造

通过数字测绘获取现状数据的著名案例就是被烧毁的巴黎圣母院，10亿个数据点将支持建筑修复。数字测绘技术可以服务于城市更新，快速化的数字查勘、快速探伤技术也可以为城市更新提供服务。由于城市更新项目往往工况非常复杂，运用BIM技术进行事先模拟，有利于进行工程策划和现场管控，提升管理效率。现在也可以利用人工智能的技术手段进行既有建筑的损伤识别。

（3）面向全产业链的数字建造

建筑的整个建造过程中有众多单位参与，要真正实现数字建造需要所有的参与方都能在一个统一的平台上进行，所以需要研发建筑工业互联网平台，也就是建筑产业互联网平台。希望通过这个平台能够实现弹性供给、高效配置，实现海量数据的融合分析、建筑和工地泛在的感知，最终实现全生命周期、全产业链的数字建造。

虽然数字建造的探索才刚起步，很多技术还只是在尝试中，过程肯定非常曲折，而前景一定是光明的，希望在这个曲折的过程中也得到大家的帮助和支持。

第二章

Chapter 02 社区治理与城市有机更新

历史建成环境的再生途径[1]

常　青
同济大学建筑与城市规划学院教授、中国科学院院士

1. 再生的意涵

近半个世纪以来，古迹保护对象已经从狭义的历史纪念性建筑及其遗址（monument and site），扩展到了广义历史建成环境（historic built environment）的各个层面，不仅指各级受保护的文物古迹，而且也包括历史建筑、历史聚落（城、镇、村）、历史街区和历史景观等保护对象。因而保护本身已不能脱离这些建成遗产（built heritage）所在区域的经济社会发展格局而孤立运作，而是要探索如何成为促其演进的参与要素和文化驱动力。

在历史城市的现代演进中，“改造”（transformation）或“更新”（renewal）对于没有保留价值的低质旧区（如棚户区）势在必行，但是对历史建成环境而言（可称A），“旧区改造”提法今天已引起争议，即便“有机更新”这样被广泛认可的理念，在现实运作中也可能出现理解偏差和实施误区，甚或导致“大拆大建”的风貌巨变（可称B）。事实上若把A变成了B，则城市历史身份的载体必定会大大折损甚或彻底消失。那么在历史建成环境演进中，有没有比前者更恰当的理念及策略呢？答案是有的，这就是“再生”（regeneration）。

再生的意涵是修旧利废和活化复兴。五四运动时胡适提出“整理国故，再造文明”，前一句是有选择地保护国故，即去掉国渣，留住国粹；后一句是与古为新地面向未来，即再生的意思，也就是保护的再创造。

总之，保护是再生的前提，意在保全建成遗产本体；再生才是保护的目的，旨在重塑历史建成环境。两者相辅相成，相得益彰，通过留、改、更、添等手段，探求规则管控下的新旧共生，而不是简单粗暴地除旧布新、翻天覆地。

2. 国际再生案例

再生是有理论和学理的实践活动。美国景观设计大师劳伦斯·哈普林（Lawrence Halprin）开旧物新用文创风气之先，为经济社会的可持续发展提供了划时代的再循环理论及实践范例，以旧金山渔人码头完整保留清水砖墙风貌的吉拉德里巧克力工厂区为标志。这种再生方式20世纪七八十年代风行欧美，涌现出旧金山的苏荷（SOHO）老厂区、巴黎左岸的旧火车站（奥赛博物馆）、维也纳的煤气罐社区等再生案例。

1　本文摘自作者在“上海市建筑学会2020年学术高峰论坛”上的演讲。

法国巴黎的104艺术中心，近年来已成为一个再生热点（图1）。该项目对一座由屠宰场改为殡仪馆的百年历史建筑进行了原址保留的再生设计，关键难点是如何开发地下空间。一般有两种方式：一种是先拆掉房子，待地下部分造好后再原址复建；另一种是将其顶升平移，待地下部分完工后再原址复位。此外其实还存在第三种可能，就是原地保留这个建筑，通过结构托换技术扩大地下空间。该项目采用了第三种方式，成功将这座殡仪馆改造成了一处充满活力的市民艺术中心。开张逾10年来，周边社区的人群喜欢来这里休憩、活动，参加艺术训练，境内外游客也闻名纷至沓来。

图1　巴黎104艺术中心

德国德累斯顿圣母教堂的复原重建是另一个有影响的再生案例（图2），这座著名的地标建筑在二战结束前被炸为废墟。21世纪之初，作为欧洲和解的象征，这座建筑奇迹般地实现了保留废墟的原址原貌重建，墙体和圣坛的每一块残存石构件和石雕装饰均被原样复位，成为可识别的历史遗存信息载体，新旧相嵌，既区分明显，又天衣无缝，获得了近乎完美的再生。再看同时期德国科隆的科伦巴艺术博物馆（图3），原本也是一处二战中被炸毁的哥特式教堂废墟，以及从罗马时期到中世纪的遗留物，但并未像德累斯顿圣母教堂那样原样重建，而是在废墟之上设计了一座可让人联想到教堂意象的新博物馆，原来的教堂废墟轮廓则在博物馆墙面上若隐若现，成为其突出的组成部分。这种古今相融的拼贴效果给人以时光穿越的震撼。

图2　德累斯顿圣母教堂复原前后对比

二战中破坏严重的柏林议会大厦（图4）穹顶修复曾有多个比较方案：一是保留现状，将象征穹顶的半圆形雕塑倒置于广场上；二是设计一个极简的钢结构大棚，覆盖在残缺的议会大厦之上；三是在原来位置变形重建穹顶；最终采用的是第四种，即用一个带有生态技术含量的钢结构玻璃透明体象征历史穹顶，中央设计了可反射光线到议会大厅室内的椎体光学装置，以及可沿穹顶内表面移动的遮阳装置。

图3　科伦巴艺术博物馆

图4　柏林议会大厦

这样既再现了议会大厦毁弃的穹顶轮廓，增加了观光空间及设计意趣，又“如故”地修复了建筑的其他部位，甚至连一些二战印痕也得以真实保留。

至于历史建筑能否加建，也就是“添”字如何理解？让·努维尔（Jean Nouvel）在里昂歌剧院（图5）屋顶上加了一个现代筒拱，增加了使用空间，与圆拱门窗和前部塔楼穹顶也有呼应。伦佐·皮亚诺（Renzo Piano）设计的巴黎百代电影基金会大楼（图6），在新古典街廓的内部嵌入了一个腔体形状的新建筑，也是新旧共生的一个特例。总之，保护本质上是管控变化，而不是阻止进化，因而此类工程需要具体问题具体分析，不能一概套用原则，更不能滥用策略，而是要以原则约束策略，以策略践行原则，这样才有望实现修旧利废及活化复兴的再生目标。这里的“原则”就是保护法律、法规和强制性规范，而“策略”就是再生设计的导则和方法。

图5　里昂歌剧院加建半圆拱顶

图6　巴黎百代电影基金会大楼再生（新古典街景后）

3. 再生设计探索

21世纪以来北京的798艺术区、上海石库门（新天地）及1933老场坊、2010上海世博园区（原为江南造船厂厂区），以及深圳华侨城创意文化园等，都是受到国际影响的中国再生设计的典型案例。

笔者曾主持上海外滩源地段再生的立项规划及再生设计。之后又在该地段的划船俱乐部遗址做过一个类似的设计方案，保留残存墙垣，在历史轮廓线内设计了一个具有时空张力的新建筑，这在当时是很难被接受的（图7）。同期的外滩轮船招商总局大楼修复与再生设计，以100根摩擦桩室内施工加固地基，重修基础及楼地面；采用国际先进的德国雷玛仕技术，修复已破坏的清水红砖墙；恢复新古典外廊及缺失的坡顶；重新整饬室内空间，设计坡顶内部空间等，使这座独特的外滩历史建筑获得了再生（图8）。

图7　外滩源划船俱乐部在历史轮廓线（下）内保留残墙及整体再造设计（上）

图8　上海外滩轮船招商总局大楼修复与再生设计

上海市迄今最大的单个援藏项目，是建于元末、毁于“文化大革命”的日喀则宗山宫堡——桑珠孜宗堡复原工程。2004年新年后，同济校方和设计院上下总动员，该项目成了当年头号工程。该项目的设计面临三个挑战：其一，设法保存废墟，虽拆除重建有利施工，但拆了废墟，历史信息载体就将荡然无存；其二，“如故”复原宫堡外观，这是藏族群众的广泛诉求，但缺少论证材料；其三，室内空间作何用途，各方意见相左。

由于没有保护身份，保留废墟似无法律依据，但笔者坚持拆除废墟绝不可取，因为这是最后的历史信息载体，拆了就纯粹是重建了。经反复协调，最终还是以灌浆加固方式保住了宫堡的残垣断壁。再以遗址轮廓和历史影像为据，采用内柱外挑的悬臂梁承重方式，对废墟“去荷存真”，解决了宫堡上部的复原难题。设计方案经反复修改，获得全国专家论证会通过。随后陆续在国内外搜集到的宗山历史资料，有力支撑了复原设计，尤其是瑞士探险家斯文·赫定（Sven Hedin）在清末入藏所摄宗山影像，证实了20世纪20年代历史上最大规模的修缮并未改变宗山形貌。工程竣工后恢复了日喀则老城历史天际线制高点——宗山宫堡外观，废墟和复原两部分做到了近视新旧有别、远观天衣无缝，并在其内建成了西藏第二个历史博物馆（图9）。

图9　日喀则宗山宫堡复原再生工程竣工后侧视（左）、正视（右上）、废墟加固（右下）

隋唐洛阳故城的皇城外洛河天津桥遗址保护及再造（图10），是一个高难度的文化工程。古桥遗址在洛河河床上，我们的方案是在河床上做一个围堰保护遗址，将新桥置于古桥遗址正上，并在新桥上展

图10　隋唐洛阳故城天津桥遗址展示设计方案一（上）、方案二（下）

示古桥复原模型。根据“对起四楼”的古代文献记载，在围堰南北设计四座现代桥墩上唐风韵味的塔楼，及钢结构梁板桥及扁弧拱桥，塔楼内设电梯可直抵遗址围堰内。

最后分享一个通过郑州市规划委员会和全国专家评审的项目——商王城建控地段再生城市设计。商王城是代表中国国家历史身份的八大古都之一，也是迄今我国已发现规模最大、保存最完好的商代都城城垣遗址，是华夏3 600年文明史和都城筑城史的见证，城垣本体需要高水准保护和展示，比邻街区需要适应性活化和再生。因此项目总体定位为“保护与复兴”，新建部分的风格定位为古韵新风及与古为新，功能定位为遗址公园及商城文旅，以突显商王城历史身份载体的特有价值。设计目标为重塑街区与宗教文物相连的名胜地段，创造街区观游购三位一体的活力场所，促进中心城区的活力增长与文化复兴。

对于商王城城垣遗址和比邻街区，设计分别聚焦“环、园、衔、观”及“留、改、拆、添”八字要点展开。在城垣地段，以景观带环状贯通遗址轨迹，景观带南段建地景式草坡，坡面及望楼朝向古城墙，形成舒展开敞的遗址公园空间（图11），考虑了观景与观演的参与式场景体验（图12）。草坡北面为新建文化商业街。

图11　郑州商王城城垣遗址公园草坡及望楼（背后为商业街）与古城墙对视

图12　草坡局部看台与古城墙背景的观演场景

在城门失却的城垣豁口处，采取具象复建或抽象重塑的城门衔接策略，如有历史图像资料依据的小南门复原、紫荆山路入城豁口处的钢架拱券城门意象（图13）和钛合金城门楼意象的创新设计等（图14）。

图13　古城墙豁口现代拱券城门意象

图14　古城墙豁口城门楼意象

关于衰败旧区的设计策略，主要是保护文化遗产及历史空间肌理，改良街区内既有建筑品质，拆除低质违章建筑，加建提升街区风貌和功能品级的新建筑。如在历史上著名的天中书院故址所在地段，设计了南北向的“天中长廊街”（图15），将古城墙北面的汤王像广场与古城东大街以灰空间相贯通，并将东西两侧街区连接起来。天中长廊街意象来自中原地区历史上殿宇的长廊和帐幕原型。

4. 结语

（1）历史建成环境承载着城市的历史身份和文化传统，应将其适应性再生，作为城市经济社会发展配置优质资源的一种文化驱动力。

（2）历史建成环境再生应以保护为前提，慎重权衡保护原则和再生策略的相互关系，恰当应对保存、修复、翻建、加建和新建的矛盾与挑战。

（3）历史建成环境再生是城市演进的永恒主题，对于建成遗产本体保护，宜整旧如故、活化利用；对于历史建成环境再生，宜新旧共生、和而不同。

图15　天中长廊街意象设计（远景为古城墙及汤王像广场）

提升社区和城市品质：推进以人民为中心的数字治理[1]

吴建南
上海交通大学文科建设处处长、中国城市治理研究院常务副院长

全球数字治理趋势非常明显，2020年世界城市日的主题是“提升社区和城市品质”，核心是联合各利益相关方来共同创造人人可共享的可持续城市，系统性地、战略性地将社区纳入城市规划、实施与监督，共同创造未来的城市。这种创造很大程度上在于能否给市民、老百姓提供更好的服务。

2010年联合国曾对数字治理进行定义，认为数字治理是具有伞状结构的概念，指线程间通信（ICT）关系的网络化扩展，包括更快地访问网络、移动服务、视频会议等信息技术，以完成更高层次的双向交换。这个概念类似于“互联的政府”，强调系统地收集、再利用和共享数据和信息。这种技术的使用会使政府和公务员、政府和政府、政府和公民、政府和企业之间的关系发生非常大的变化。

从2011年到现在，越来越多的国家开始开放数据，让数字治理成为全球的趋势。中国也一直高度重视数字治理，2017年习近平总书记特别强调要推动实施国家大数据战略，加快完善数字基础设施，推进数字资源整合和开放共享，保障数据安全，加快建设数字中国。李克强总理在2019年的政府工作报告里也特别强调深化大数据、人工智能等研发应用。

上海于2018年提出“一网通办”的概念，并从2018年3月开始实施。“一网通办”的官方解释是，依托全流程一体化在线政务服务平台和线下办事窗口，整合公共数据资源，加强业务协同办理，优化政务服务流程，推动群众和企业办事线上一个总门户、一次登录、全网通办，线下只进一扇门，最多跑一次。“一网通办”比较通俗的解释是，传统服务的提供方式是需要群众跑动多次、进多次门，而“一网通办”实施之后，一方面可以一次不跑，完全在线上享受服务，另一方面群众到线下办事窗口，只需要跑一次。

2018年至今，“一网通办”已经融入社区和整个城市的生活。已经有2 500多项服务事项接入“一网通办”平台，其中，84%具备全程网上办理能力，95%具备“最多跑一次”能力。上海实名注册用户已经到3 100多万，法人用户到了210多万，在疫情防控过程中数字治理也发挥了重要的作用。

1. 作为数字治理的“一网通办”：如何实现

为推动“一网通办”工作，2018年上海成立大数据中心，集成各类服务，将各类服务标准化。在此基础上，一方面强化原有的12345服务热线，另一方面建立“一网通办”的总门户和相关的APP。2019年成立领导小组，通过各部门、各个利益相关者的专题推进会进一步扩大覆盖范围，同时实施“服务好差评”“我要找茬”等。2020年进一步强调专题推进会，包括构建大数据平台，在此基础上，微信、支付宝

1　本文摘自作者在“2020全球城市论坛”上的演讲。

端的小程序都在不断推出，其中最典型的是组合式创新。

中国地方政府创新分为五类。首先是技术创新，事实上在“一网通办”的推进过程采用了互联网、云计算、5G、人工智能、大数据等新技术。在这个过程中，仅有技术的采纳是远远不够的，特别重要的是以新架构、新流程为代表的管理创新在不断地实施。从领导小组的成立，到大数据中心的建立，到行政服务中心的建立，再到线上线下的融合，充分展现了管理创新。而正是基于管理创新的推动，服务创新包括一站式不见面服务，线上线下的整合得到了推动。而且其间也特别展现了跨部门的合作创新，以及政府与社会互动的治理创新。新技术的应用实现了新的政府形态的转化，新的政府形态转化实现了新的治理模式。

2.“一网通办”的组合式创新：如何走向善治

何为善治？不管是一些学者还是世界银行都对善治下了定义，善治就是一种参与式的治理体制，号召代表人民的政府，以人民的愿望为动力，为人民服务，为人民做好事，解决人民问题，使人民生活更加宜居、更加满意、更加愉快。那么“一网通办”如何以人民为中心？

（1）一件事一次办

以一个人的出生案例为代表。原来一个小孩出生后父母需要办理10件事，如出生证明、身份证、生育保险申请等。当一系列新技术应用整合之后，多个部门彼此之间协同整合了信息系统，共享了数据，并且使用电子证书和电子签名，将原来的10件事整合为一件事。这使得原来分开办理所需的时间由100天变为现在的25天，原来跑动14次变为现在的最多1次，原来递交材料26份变为现在的5份，原来办理环节22个变为现在的2个。

再以一个企业的创办案例为代表。2018年在上海创业需要22天、7个步骤，通过一系列新技术的应用整合，包括实施数据传输、存储、利用，以及无纸化服务、电子证照、线下服务专区等，现在到上海开办一家企业办理材料最多需要2天。

（2）让人民评价、“找茬”

让人民评价、“找茬”也是以人民为中心的非常重要的方式。政务“服务好差评”开始之后，9个月收到120多万条反馈，其中5 000条是负面评价，我们对每一条负面评价进行分析并且反馈。上海还实施了“我要找茬”活动，希望老百姓能够从各个方面找不足，一个月收到4 000多条建议而且在一个工作日内接收并回复，差不多一半以上的建议在一个月内得到采纳。从这里可以看到，正是因为新技术的使用，而且在新技术的使用过程中把以人民为中心的理念践行到新的政府形态中去，以人民为中心的善治才得以实现。

从数字治理转型为数字善治的关键在于，把以人民为中心的理念连同不同的技术赋能引入政府体系之后，通过结构优化、流程再造，使得新的政府形态得以产生。在政府体系内部、政府部门之间尽管有职能的划分，但是相互之间有了更多的数据共享、数据交换，通过新的组织架构、新的平台有了更多部门的协同。同时，政府与企业和公众的关系也发生了明显的变化。

上海以“一网通办”为代表在以人民为中心的数字治理方面取得了重要的成果。通过新技术的使用赋予政府和政府工作人员新的能力，在这个过程当中，政府不同部门之间不断地合作交流、分享数据和信息，以人民为导向的理念得以充分利用，使我们的城市走向善治。

城市滨水高密度核心区的一体化更新与提升[1]

张俊杰
华东建筑设计研究总院院长/总建筑师

习近平总书记在上海考察的时候专门参观了黄浦江滨江的更新，指出“人民城市人民建，人民城市为人民”，城市发展与建设需以人为本、以人民的需求为中心；要构建和谐优美的生态环境，把宜居安居放在首位，营造高品质的人居环境。

当下全球卓越城市的滨水核心区，正成为全球城市更新的热点和城市魅力与形象的代表，例如纽约的曼哈顿、伦敦的金融城（图1）及新加坡的滨海核心区等，这些核心区往往是城市经济与文化生活的中心，也是市民休闲消费等日常生活的中心。在城市发展历史中，通过产业、空间和公共设施的不断更新提升，推动这些城市持续保持着核心区国际水平的能级和竞争力。

图1　伦敦金融城滨水核心区

1　本文摘自作者在“上海市建筑学会2020年学术高峰论坛”上的演讲。

城市滨水的自然环境为城市核心区增添了独特的景观资源优势，这些区域往往是城市的历史风貌区。通过城市更新，构建高品质公共空间、文化设施和景观绿肺，创造各具特色的滨水活力带，形成对经济、产业、人才的强大吸引力和集聚效应，成为吸引市民与旅游人群的高颜值打卡胜地。

1. 滨水核心区的共性与特点

卓越城市滨水核心区之所以如此受到国际关注和追捧，与其自身发展的共性和特点息息相关。滨水核心区的区位好、土地少、价值高、历史文化底蕴厚，通过精心规划有限的滨水土地，进行精细化、高集约度的更新，实现了对金融、高端产业和人才的吸附与集聚，提供了强大的经济动力。以核心区的持续更新与发展，拉动城市能级和竞争力的不断提升。依靠城市优质的营商环境，经济繁荣和高品质的城市环境、人文魅力相互促进，不断提升城市的经济和空间发展的动能。

同时，城市滨水核心区的空间环境优美、视线开阔、通透，易于展示城市形象，滨水的自然生态空间与腹地核心区的更新与发展相互拉动，整体提升城市滨水区域的生态、人文、活力和宜居环境品质。城市滨水核心区往往历史底蕴深厚，在漫长的历史进程中不断更新，通过新老建筑、新老环境的融合，不断焕发城市片区崭新的活力、魅力，展示出城市强大的生命力和韧性。

滨水区多为城市工业和港口的发源地，有大量的工业用地，通过产业调整和功能活化，植入城市更新的动力，具有极大的价值和发展潜能。

2. 上海城市发展

上海2035年的发展目标，是基本建成卓越的全球城市，建成令人向往的创新之城、人文之城、生态之城，全面打造充满机遇、活力和有温度的城市，推进全方位赋能，让城市更聪明、更智慧。创新意味着强化全球资源配置、高端产业引领、开放枢纽门户，最大限度地激发人才创新活力；人文强调关注历史传承与魅力塑造，打造人性化特色、人文化气息、人情味生活；生态意味着需要将生态环境要求作为城市发展的底线和红线，提高城市应急响应能力和恢复能力；智慧则意味着需要关注积极运用智慧的技术手段，为城市的发展目标全面赋能。

上海的城市发展正处于战略机遇期，需要不断增创竞争优势，强化自身多元的国际战略职能，增强长三角一体化发展的引领作用，立足存量有限的土地，提质增优，以城市空间更新支撑产业创新升级和人才吸引，全面实现上海2035的发展目标。

黄浦江两岸滨水空间是上海近代金融、贸易和工业的发源地，沿岸是上海城市的缩影，汇聚了多个重要的城市滨水活力中心，如外滩金融区、陆家嘴、北外滩、徐汇与杨浦滨江等，这些片区已经或在未来都是上海重要的经济、创新发展中心，对于上海实现新一轮经济繁荣、创新集聚和高品质宜居环境具有更重要的意义。黄浦江两岸贯通工程已经取得明显成效，营造了以人为本的美好环境。苏州河上海市域段长50 km，两岸有大量的存量用地需要更新，同样具备强大的更新发展的潜力与价值。

3. 上海城市滨水片区发展的问题与痛点

在滨水片区发展取得这些建设成果的同时，对标国际卓越的城市，上海还存在一些突出的问题和差距。

土地的集约高效利用度不足。上海城市总体用地已达天花板，滨水的土地资源更为稀缺，但松散低效利用造成城市空间品质低、土地价值低。一些具有优质滨水景观资源的片区，土地并未集约精细化利用，土地功能和片区定位滞后，产出价值亟待提升。同时，对标国际一线城市相同能级的片区（表1），陆家嘴的土地立体集约化利用的程度不够。伦敦金融城的集约开发与更新，集聚吸引了高端产业与人才，得以保持长期的国际竞争优势，对于上海核心区的发展和更新具有重要的启示和借鉴意义。

表1　国际一线城市滨水核心区对比

项　目	纽约下曼哈顿	伦敦金丝雀码头	伦敦金融城	芝加哥卢普CBD	香港中环CBD	上海陆家嘴CBD
用地面积（km^2）	2.1	1.05	2.6	1.8	1.54	1.7
建筑面积（万m^2）	1 500	615.3	2 340	595	540	450
平均容积率	7.1	5.9	9	3.3	3.5	2.6
核心区功能	金融、商业酒店、文化旅游展览、公寓	金融、总部办公地下商业、酒店文化、公寓	金融、商业酒店、公寓文化旅游	金融办公、购物中心、文化中心	金融、商业酒店、文化旅游展览、公寓	金融、商业酒店、文化旅游展览、公寓

在开发模式上，滨水片区地块开发相互孤立，片区各个地块的功能无法融合，交通难以紧密衔接，片区土地利用的整体协同性差，土地的整体价值没有实现最优。由于缺乏一体化运营整合的组织和机制，有些片区虽然实现了统一规划、设计和建设，但没有实现片区一体化的运营、维护，难以持续提升片区未来几十年的新的活力和能级。

从滨水核心区的业态配置层面来看，复合的功能有利于城市滨水区域全天候活力的激发，但通过业态的复合度和夜间人口的指标对标（图2），可以发现上海业态复合度远远低于香港和东京，业态单一，业态与需求不匹配，无法满足高端产业人群需求，难以激发片区全天候活力。

此外，公共交通配套资源的不足，也难以支撑滨水核心区的高强度集约化开发，交通拥堵问题就难

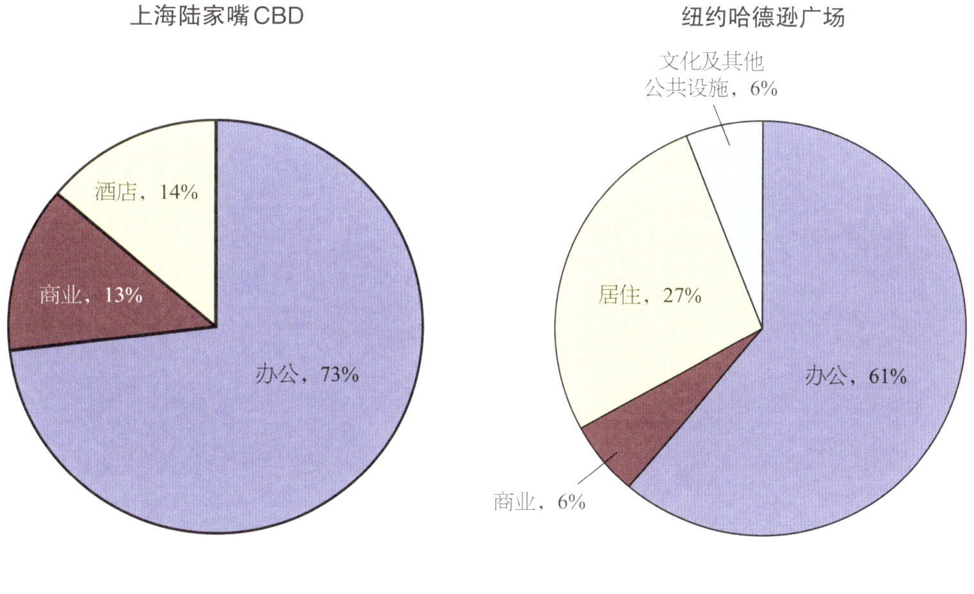

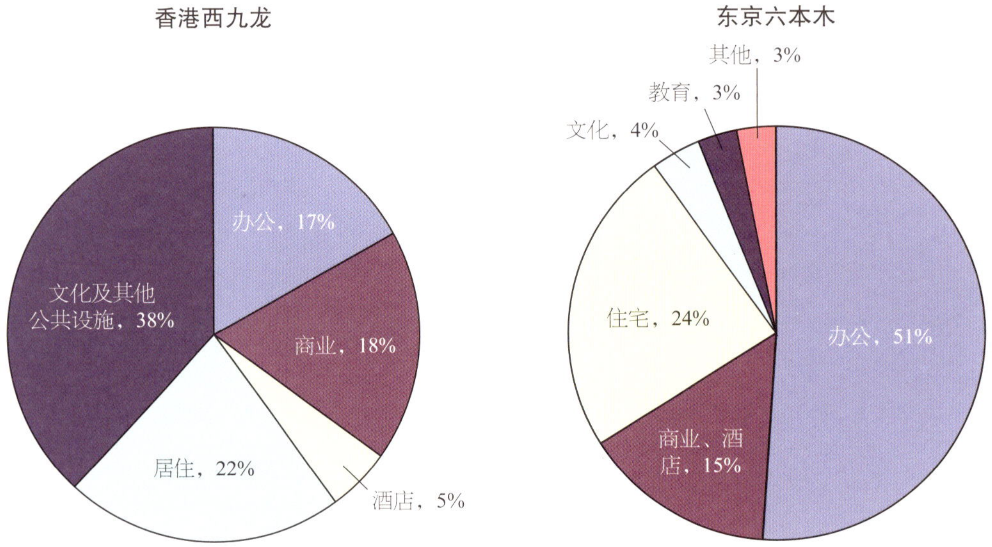

图2　业态复合度对比

以解决。纽约、芝加哥、伦敦、东京的交通配套为滨水高密度开发提供了强有力的结构性支撑（图3）。提升公共交通配置，优化片区便捷可达性，加强滨水空间与腹地开发之间连通、互动，增强滨水与腹地的活力渗透、交融，是滨水核心区更新的重要目标。

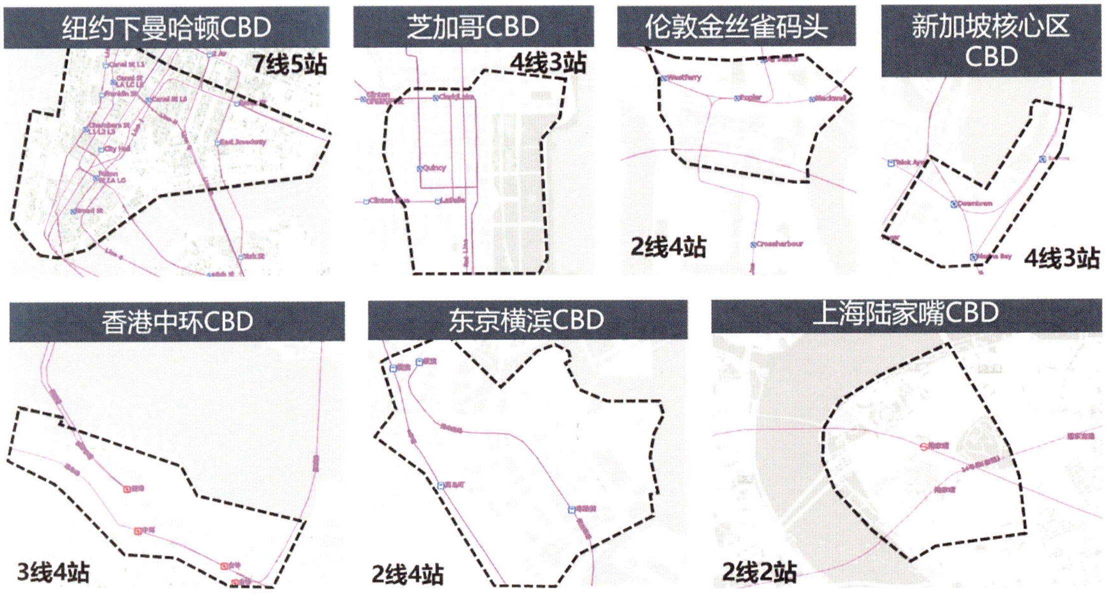

图3　公共交通配套资源对比

滨水城市更新开发的成本因素也是一个重要原因。一方面，城市滨水核心区在更新进程中往往存在着大量的历史建筑、既有建筑、居住建筑和工业遗产等，“留改拆”的成本很高，投入的大量资金难以直接回收，没有整体统筹，难以实现资金平衡，需要政策支持。另一方面，城市的公共空间、基础设施、公共设施也无法在各个地块割裂的状态下实现资源共享。

对标国际滨水核心区的关键指标，上海城市滨水核心区土地集约化利用不足，轨道交通支撑度不够，功能业态复合度不足，工作日以外的夜间、周末活力不足，对创新产业、高级人才吸引力不足，缺乏高品质环境与公共设施也是重要的现实问题。

综合以上诸多问题，深层的原因在于：滨水核心区缺乏成熟的一体化开发与可持续的更新模式，需要从城市的整体片区发展考虑提升土地利用的效能；缺乏市场导向、运营导向的整体经济和业态策划，需要从市场和价值角度来考虑片区全生命周期的运维；缺乏立体整合的机制，难以在有限的用地空间内增加城市空间生态资源、提升城市的绿色生态与韧性；缺乏公交交通、基础设施的系统整合及智慧体系的赋能来全面支撑滨水核心区的更新。

上述问题均无法在单一地块开发时解决，需要建立滨水核心区一体化整体开发与更新的机制，从片区开发更新的角度来统筹解决。从多地块协同开发、立体城市整合、公私合营、战略策划、运营管理、政策流程等多个维度，探索一体化开发与更新的实施路径和提升方向。

在片区发展的全生命周期内充分调动政府及相关部门，更新统筹主体、专业设计咨询机构的积极性和能动性，形成三方合力，发挥各自主体作用、协调作用和引领作用。

4. 滨水核心区一体化更新政策机制的创新

在战略层面上，要明确特定的更新统筹主体，明确更新目标，探索综合运用规划、土地、金融、税收等多种政策手段，构建一种以利益协商、体制改革和制度创新为特征，实现城市片区内部空间整体结构优化、城市功能提升、全局利益共享的综合更新提升目标。

在系统架构上，要构建一体化更新的系统构架，构建统筹主体平台，明确更新投资和运营统筹主体，整合多元投资运营合作伙伴，充分发挥一体化更新牵头主体的统筹作用：统筹战略策划、规划设计、建设运营管理。例如日本横滨未来21片区的整体开发，充分实现公私合作，由政府主导的公共投资主体分别负责基础设施、公共文化艺术设施、会展中心和公共交通设施建设；企业负责商业、办公等空间开发建设，实现了丰富的滨水形象、系统的景观空间。上海陆家嘴船厂项目（图4）也是建立政府主体联合平台开发主体的模式，建立平台开发公司并成立合资公司，共同完成了船厂的一体化更新，实现了空间环境和商业片区一体化营造。

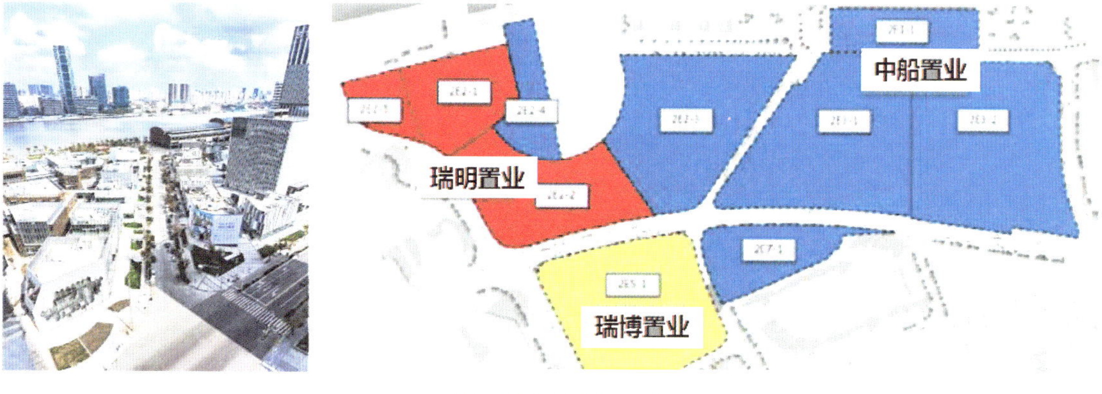

图4　陆家嘴船厂项目

在整体开发的政策层面上，可以根据城市特定片区制定特定政策，将碎片化的土地合并，统一考虑片区交通和基础设施配置，建立大地块红线制度，促进片区内各个地块统一、协同开发，促进功能、交通、公共空间、基础设施最大化融合、集约、共享。对于特定地块给予容积率奖励政策，以支持和鼓励开发商对于滨水历史建筑保护和对公共空间、公共设施、绿化环境的积极贡献。可以局部给予弹性的土地利用政策，对土地混合功能留白，对于开发时序靠后的土地给予弹性政策，以留出土地对于社会、市场和周边开发情况的适变性。

在开发流程创新上，要整合专业咨询资源，验证土地开发的功能和指标合理性，与政府确定土地开发指标，同步提升基础设施配套。鼓励滨水核心区一体化开发，要创新土地出让机制，地下、地上空间分别出让，保障区域组团和地下空间的统一开发和统一规划，全面推进土地立体化分层确权、立体产权划分，保障地下公共部分的空间统一建设、统一运营。

利用财政计划，鼓励政府、企业和公众的共同参与，鼓励和推动多个城市滨水工业用地的再开发，以实现功能提升、活力提升和生态恢复等目标。积极探索多元的资金策略，增强基础设施建设，积极改善滨水核心区，保证一体化开发，提升整体的经济、收入和就业贡献。德国汉堡港新城的开发，创建了遴选期制度，土地金后付，减轻了开发商的经济压力。对政府而言，可以在遴选期后的一年半内继续对项目开发施加影响，以此来保证建造质量、规划目标和建设进度。

在整体基础设施配置层面上，以土地前期的开发测算和可行性论证为基础，需要增强和补足基础设施短板，为滨水核心区提供充足的公共轨道交通设施，建设系统化的步行体系，保障滨水片区的便捷、可达。

5. 滨水核心区全生命周期运营创新

在策划与运营层面上，需要积极整合片区各个开发主体和利益相关主体，成立统筹运营机构，整合片区优势资源，统一公共空间与设施的运维管理，进行片区的公共活动策划，以高品质的营商服务、整体运营能力，打造片区品牌。通过构建统筹协调主体与机制，合理配比整体业态，植入复合多元的功能，实现土地混合利用，丰富片区空间内涵，激发滨水区全天候活力，才能最大化实现片区整体价值和优势。

6. 滨水核心区规划设计模式与策略创新

在整体规划和设计层面上，需要从规划设计层面支撑一体化的更新。从系统更新开发机制落实到城市设计的统一导控，平台统筹主体可以请专业咨询机构参与，保障总体目标，对前期管控和控规、城市设计的衔接需要加强推行概念研究方案，促进土地未来开发的落地性。

要提前进行片区整体的规划和概念设计研究，保障片区公共品质，尊重滨水空间生态敏感性的要求，确保景观的质量，公共活动场所要制定以水为趋向的布局和形态。整体片区的规划概念设计，需要关注如何塑造滨水门户形象，要注重水系、连接城市核心节点空间的公交设施配置，保留滨水开放空间和绿化空间，提供与门户形象相匹配的公共设施，确保公共艺术投资有一定的占比，保障片区活力和魅力氛围的营造。

关注滨水空间防洪、防汛、防涝的特点，在立体标杆上考虑防汛墙堤和滨水公共空间景观的衔接和融合，保证地下、地上空间的立体贯通与地下空间防涝安全。要积极整合滨水的绿色慢行系统，建立滨水核心区从城市腹地到滨水空间的渗透与连接，配置复合多元、尺度适宜的功能。要充分考虑滨水的整体空间景观、统筹连贯的城市空间通廊和绿色景观轴线，并考虑滨水两岸一体化的滨水景观设计。在工业用地的更新中，要将工业遗产的更新改造和生态景观特色空间统筹考虑。要注重智慧和数字化技术，为片区赋能。

7. 滨水核心区的智慧与绿色创新赋能

推行高效的公共服务，搭建更科学、便捷优质的营商环境，也可以依托片区智慧平台结合政府一网统管，搭建智慧的前后台系统赋能管理与服务。利用AI、大数据等数字化技术实现资源和信息的协同，建立智慧能源管理系统，为核心区的节能减碳提供保障。

在城市滨水的核心区要确定明确的城市韧性目标和措施，守住生态环境和应急防灾底线。

需要关注城市魅力的塑造，要借鉴国际实践考虑将公共艺术的投资列入片区开发当中，打造高品质公共空间与人文艺术气息环境，容纳城市多元活动，营造城市公共节日和大型活动，激发城市的公共活力。

城市核心区具有全生命周期更新的特点，要保持可持续的经济、人文魅力、环境优势和竞争力，要在政策与管理上不断地探索和创新，在核心区长效经营实践中保持生命力，不断更新与创造。

放眼未来，我们相信，城市滨水核心区通过更新和提升，一定会实现城市让生活更美好的梦想！

多功能社区综合体建设与社区发展[1]

唐亚林
复旦大学国际关系与公共事务学院教授

1. 社区治理的转向：从社区自治走向治理与发展兼具的社区发展

社区治理已经有了一个转向，即从社区自治走向治理与发展兼具的社区发展。20年前强调社区自治，如今将治理和发展联系在一起，是什么使治理和发展成为了核心呢？有以下五个方面的原因。

（1）时代变迁

我们现在进入了一个生活政治时代。以往对社区的治理更多强调自治，就是民主选举和社区管理，但是并没有有效地改变社区，它其实是一个政治性的社区的概念。2010年以后开始强调服务性，2017年民政部发布关于城乡社区治理意见时就开始有一些导向性变化。后来在十九大报告里强调重新用政治引领，那么政治引领表现在哪里？无论在农村社区还是城市社区都是党支部书记兼任村委会主任或社区主任。从突出政治性到强调服务性再到重新突出政治引领，其背后折射出社区治理是以生活需要为主的生活共同体的建构问题。

（2）需求导向

传统的需求包括物质需求和精神需求，而目前基于民众需要的多样化与多层次内容变化，社区走向了以交往需要为主的关系共同体，这是需求导向的一个最重要的方面。

（3）特色创新

我们在各地推进社区治理的过程中发现，需要很多平台载体、项目、活动来带动社会治理。也就是说现在再去讨论社区自治选举已经没有意义了，而是需要以个性化需要为主的城市公共服务体验。

（4）管理精细

城市的精细化管理，这是最为核心的。基于城市基层综合管理精细化的思考，走向了以精准需要为主的生态共同体。

（5）政治统治

社区治理是在政治的整体框架下，通过部门之间的协作治理来体现的，也就是从政府指导的社区自治（以选举为核心，以稳定安全秩序为价值诉求，以功能性服务为重点）向社区组织、政府出资、专业指导、群众参与，以解决民众实际生活问题和建构安全秩序为目标的共同参与平台的搭建转变。

2. 需求导向与功能满足的对接：多功能社区服务综合体建设的兴起与社区公共空间的再造

上海在浦东新区建设家门口服务体系、在杨浦区建设睦邻中心、在徐汇区建设邻里汇，这是基于实

1 本文摘自作者在“2020全球城市论坛”上的演讲。

践发展的需要。实际上在全国各地调研时发现较早提出社区多功能综合服务体系的是成都。更早的话，在“十二五”规划关于乡村文化建设部分提到了乡镇文化综合服务站的建设，但是那个时候的综合服务站的建设更加强调的是利用有限的资源来推动乡村的文化发展。2020年6月16日，上海市委办公厅、上海市人民政府办公厅印发《关于进一步提升社区治理规范化精细化水平的若干意见》的通知，提出推广社区服务综合体建设，按照共享、集约、便捷可及的原则实现社区全覆盖。这是基于民政部的要求，也是基于对实践中的服务设施分散、利用效率不高、部门协作机制缺失、党员群众覆盖不足等问题的考虑。

社区治理强调三大导向：需求导向、问题导向和结果导向，要把老百姓的需求作为第一导向来推动治理工作的开展。同时社区公共空间也要多功能复合使用，比如浦东的家门口服务体系把一个社区的居委会和党支部书记工作站变成了一个公共服务的空间。而且浦东提出了七大基本服务：党群服务、政务服务、生活服务、法律服务、健康服务、文化服务和社区管理服务。我在浦东新区曾经做过11年的社区营造工作，在那里也发现他们对多功能复合强调政治功能、服务功能、组织功能和治理功能。从这个意义上讲，城市的社区治理到了一个新阶段，经过多年的公共空间建设及多种公共服务的提供，现在出现了整合公共空间、建设多功能社区服务综合体的新动向。这是现实中提出的问题，而不是理论推导的问题。

3. 寓公共服务与公共秩序于公共空间：多功能社区服务综合体的关系构造及复合形态

到了社区治理新的阶段以后，城市治理重心下移，要去重新建构基层社会秩序。社会秩序包含环境秩序、服务秩序、安全秩序、空间秩序、治理秩序及权力秩序，在街区层面上还有交通秩序。社区服务管理平台技术下移以后，需要一个将这些东西重新统合起来的平台，而且其背后有服务群众“最后一公里”的问题。在这个过程中，社区就开始建构新型交往关系、新型服务关系、新型协商关系、新型邻里关系。

在浦东新区建设家门口服务体系的重要阶段，我们做了一个尝试，将居委会、党支部、业委会和物业都集中在一个公共服务平台里，有机地统合在一起。在这个过程中出现了一个很重要的形态，就是社区公共服务综合体的复合形态。

4. 回到生活与交往共同体：社区发展与基层治理的融合模式

社区服务综合体建设反映出的社区发展与融合模式，是基于基层治理所带有的阵地意识，包括政治阵地、服务阵地、治理阵地、交往阵地和生活阵地。还有就是基于社区发展的生活与交往共同体的很多指标性的东西，比如服务性、参与性、交往性、自治性、礼治性。最后是我们对社会知识的理解，其背后的融合模式就是党建引领。那么党建引领改变了什么？传统的执政党、政府与社会三分权力架构到以社区党支部为统领的权力、空间、资源、治理、自治一体化模式，背后反映的是中国共产党无论在城市还是乡村，要建构一种大生活、大福利、大党建、大治理的人心政治新形态。其中包括如下要素：党建引领、需求导向、重心下移、资源整合、服务优化、平台再造、技术赋能、功能复合、参与协商、以文化人。

如果这样的机制形成，我们还会讨论社区自治吗？不会的，届时就是一个复合型的社区治理和发展的新型形态的建构。

新冠肺炎疫情背景下的全球城市治理走向[1]

郑永年

上海交通大学政治经济研究院名誉院长

自20世纪80年代到2008年全球金融危机，世界经历了一波超级全球化，对城市发展和城市治理都造成了巨大的挑战。超级全球化形成了国际层面的劳动分工，资本、技术、生产在全球范围内自由地流动，在这个过程中很多城市开始衰败。亚洲国家也有很多城市并没有在全球化过程中获得利益，很多城市长期陷入中等收入的陷阱，但是也有一些城市在全球化过程中崛起，如深圳就是一个典型，从一个小渔村发展成国际大都市。同时中国也产生了很多的城市群，当然无论是衰落还是崛起，其背后有很多因素，我觉得其中很重要的就是城市的领导力问题。

如果一个城市有领导力，就可以把握住发展的机遇，并且可以把城市的治理制度做好；如果一个城市的领导力不足，即使出现了机遇也抓不住，甚至在城市面临重大挑战的时候没有足够的领导力来应付，城市就开始衰落。

城市化里面有一些很不好的经验，但有一点非常明确，就是管理可控的城市化。比如，因为中国改革开放以前一直实行户口制度，户口制度是源于历史形成的，如何改革户口制度，中国政府采取的不是一步到位的办法，而是实行可控的自由化，到现在为止得到了解决。

中国城市的领导人危机管控能力非常强，实际上世界发展到今天，城市所面临的危机越来越多。危机来自两方面的因素：一方面是自然因素造成的，病毒、洪水、暴雨等都是使城市发生危机的自然因素。另一方面是人为因素，比如城市发展之后很多城市分配不公，由于社会分化导致抗议、街头运动不断，这也是对城市发展的挑战。

最近美国白宫贸易顾问彼得·纳瓦罗（Peter Navarro）对中国有一些评价。他说中国实现了两个可持续性发展，一个是可持续的经济发展，一个是可持续的社会稳定。新冠肺炎疫情从湖北武汉开始到现在已经全部管控下来了，并且中国积累了很多管控疫情的经验。美国新冠肺炎疫情管控不下来，我觉得这是一个城市治理的问题，治理程度是非常重要的。

当然，中国城市化也面临着很多问题，跟其他国家一样，这些问题也是需要注意的。

第一，如何处理大城市化的问题。中国城市越来越大，城市化不可避免，但是不是一定要超大的城市化呢？我觉得这是可以讨论的。个人觉得我们要建成很多城市群，而不是毫无节制地去扩大城市规模，要处理好超大城市与大城市、大城市与中小城市之间的关系，处理好一线与二线、三线、四线城市之间的关系。

第二，城市的环保问题。十八大以来，城市在环保方面做出的努力不少，以前各个城市雾霾非常严重，现在得到了有效改善，但我觉得还有很大空间，我们还不能松懈，因为环保问题并不是一下能做好

1　本文摘自作者在“2020全球城市论坛”上的演讲。

的，它是长远的问题。

第三，城市安全问题。城市安全问题和上述的城市规模问题是有关联的，因为如果城市里的人口集中度太高就会产生各种安全问题。大家认为城市代表着美好的生活，城市的人跑到大城市里、农村的人跑到城市里，导致城市生活压力很大（尤其是年轻人），存在住房、交通、教育等各方面的问题。中国城市越大，年轻人的生育率就越低，这是个大问题，如果一个城市的人口结构发生变动，以后这个城市也会发生很大问题。像日本、韩国的城市变化，中国也早就开始了，并且中国更大，这是一个会导致人口危机的问题。

谈论城市化，还要讲到农村。中国还有好几亿人口生活在农村，那么农村如何达到可持续发展，把农村的建设真正提高到一个新的水平，这也要通过制度的改革，尤其是土地制度改革才能够达成。

总体来说，有失败的城市，也有成功的城市，但大家都在追求城市生活。如何追求更好的城市生活，我觉得还是要放眼全世界，向好的城市、成功的城市学习，大家互鉴互学，这样城市生活才能变得更加美好。

构建“共治+智治”的社区治理下城模式[1]

杨晓萍
浙江省杭州市下城区民政局局长

下城区在社区治理中立足过去、着眼将来，我们想打造的是一个“共治+智治”的社区治理的下城模式。

下城位于杭州核心地区，也是杭州的老城区，面积是31 km^2，下辖8个街道、75个社区，常住人口528 000人，是一个典型的以老旧小区为主体的主城区。下城区在社区治理过程中有着一些传统的优势，但是随着现在社区自治和信息化技术的发展，我们也在思考如何借助信息化的先进技术手段助推社区治理再上一个新的台阶，如何去破解在治理过程中需要解决的几个问题，比如如何凝聚人、如何吸引人、如何引领人、如何扩大社区参与面，真正让社区自治回归居民自治。

1. 夯实“共治+智治”下城治理模式的群众基础

城市的社区治理和农村的社区村民自治一样，首先需要夯实治理模式的群众基础。

（1）要培育熟人社会、能人治理的居民自治土壤。因为现在社区工作者是社区治理过程中的中坚力量，但是随着社区工作者逐步向专业化、职业化发展，他们实际上也是由财政供养的一群特殊编制的人员，所以在居民群众的眼中，社区工作者和街道干部、机关干部并没有太大的实质性区别。这支队伍存在职业化和与居民之间的契合度不高、联系不够紧密的问题。如何让这样一支队伍去凝聚社区？我们提出居委会成员中的本土化率的概念。在上一届居委会换届选举过程中，推选产生了295名的居民“领袖”来担任居委会成员，19名社区居民担任居委会主任，居委会本土化率高达71.78%。他们凭借邻里关系、本土化语言，以及服务居民的热忱，有效推动了邻里矛盾调解、小区停车难等社区难点问题的解决。引入“开放空间”议事法，通过上门沟通、多轮商议、民主表决等途径，有效统一住户思想，解决了困扰居民多年的餐饮油污堵塞污水管问题。

（2）完善自治路径、全周期居民参与的保障机制。从财政资金上来说，按照常住人口每人每年10元钱的比例来配备社区自治的项目金额，全区预算是528万～600万元。在一些项目上，通过事前征集民意、事中参与、事后评估修复的机制来保障居民能够全流程、全周期的参与和管理。在社区的邻里空间打造、办公用房腾退时都广泛征集民意、汇集民智，以更好地设置功能。在一些老旧小区加装电梯的过程中，因为有居民事先参与的机制，仅用了38天就实现了从进场施工到完工。

（3）设计可见可闻、贴近民需的居民自治内容。从制度设计上保证自治金都能用到民生的实事项目上，比如修建社区图书馆、维修小区公园、整治脏乱差的停车库等，这些都是与居民的日常生活息息相

1　本文摘自作者在“2020全球城市论坛”上的演讲。

关，同时也跟居民的获得感比较贴近的项目。参与和治理这些项目更能吸引居民，同时凝聚更多的力量，使居民对社区治理的成果有更切身的感受和更深的获得感及参与感。这就是我们想打造的“共治+智治”的群众基础。

2. 健全“共治+智治”下城治理模式的工作保障

在“共治+智治”过程中，要努力构建下城治理模式的工作保障。

（1）优化制度设计，助力社区发展。首先，是要理清工作职责。杭州下城社区有几大组织：社区党组织、社区居委会、公共服务工作站、居务监督委员会。社区党组织起到党的领导作用。对于居委会，我们期望通过提高本土化率，真正地回归居民自治，发挥其自治功能。公共服务站更多的是承接政府公共服务，向社区基层延伸的功能。居务监督委员会主要起到监督作用。通过对以上社会组织工作职责的理清，回归社区治理过程中各就各位的本位发展。其次，构建评估体系。原来街道各个部门对社区的考核有18项，目前综合到了1项，主要是从邻里友善度、居民参与度、居民满意度、社区服务、社区组织等维度来引领社区发展，减轻社区考核负担。同时按照浙江政务服务最多跑一次的工作要求，严格规范社区事项准入制。最后，培育社会组织。培育如公羊会、武林大妈、红色义工站等社会组织品牌来支持社区的优质公益项目。目前在培训过程中，全区的社会组织已经达到2 600余个，主要在帮助社区的老弱病残幼人员、失业人员、困难家庭、不良青少年矫正和社区禁毒方面发挥更加专业化的力量。

（2）研发智治在线，助力智慧发展。在社区实现一个以精密智控、精准服务、全周期管理为目标的社区智治在线平台（图1）。这个平台与城市大脑及浙江基层治理平台对接，具备快速流转的功能，从而实现政府部门之间数据共通，为社区在治理过程中构建一个实时动态的基础信息数据库，同时由民政、社保、残疾人保障等民生服务保障类政策形成政策数据库。通过对居民身份证号、居住单元的信息进行分析比对，实现对这些服务功能的提前预警，从而有效地减轻社工的负担，帮助社工更加有针对性地走

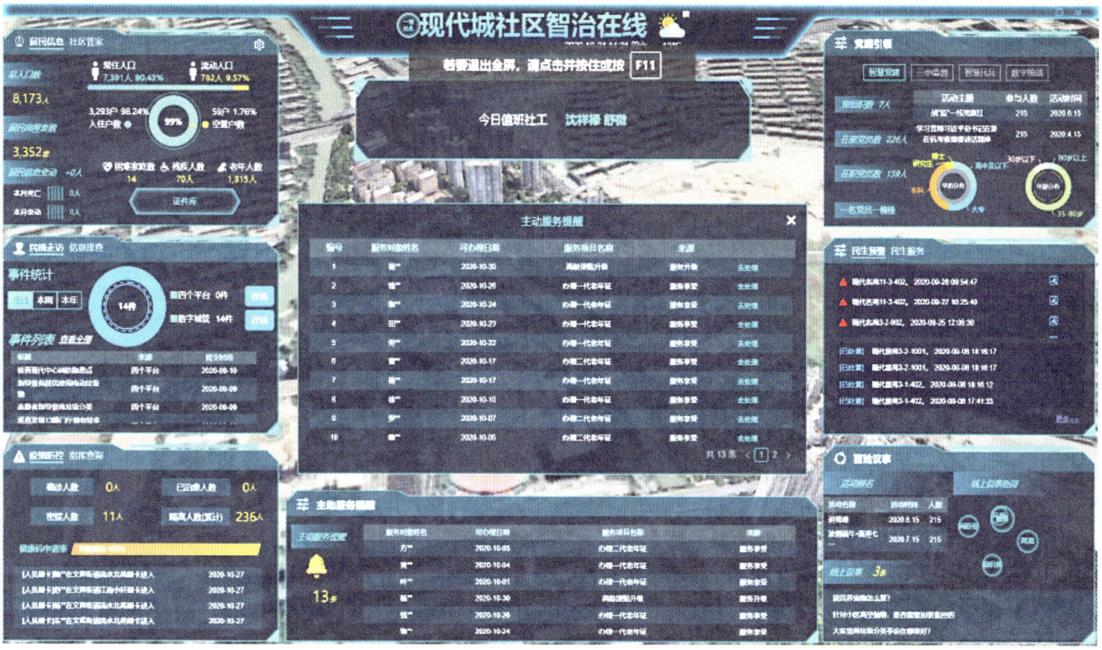

图1　社区智治在线平台

访。通过这些智慧化的手段助力社工，使其从传统的靠经验判断到依托数据分析，从以居民申请为主的被动应付向主动服务转变。

（3）融合线上线下，助力减负增效。为此我们搭建了多个专业化平台，如智守e家、亲邻e站等，以及社区智治再现的综合性平台。杭州下城是老城区，老龄化程度高，所以在平台构建的过程中，也更注重养老服务。养老服务的智慧化手段主要是采取线上派单的形式，但是如何与老年人对接，这需要有线上线下链接的手段，这就是我们新推出的养老顾问。养老顾问主要由一些具有专业养老知识和社会工作经验方法的人员组成，为老人提供一对一的线上服务，从而实现全服务流程，做到一网闭环。

3. 优化“共治+智治”下城治理模式的实现路径

随着数字化技术的推动，政府延伸到社区的触角越来越密、越来越深入。一是延伸基本公共服务。梳理区、街道、社区三级行政审批和公共服务职能，规范街道、社区两级便民服务中心建设；实现24小时在线贴心政务服务，审批服务事项“全时办”；成立了全省首家物管站；推进老旧小区综合改造；首创“小区管家”服务模式。二是建强专业服务队伍。全区社区工作者中取得助理社会工作师及以上的有603人，占比63.08%。建立社会组织和社会工作人才信息资源库，重点培养职业化、专业化的社会组织运营、管理和督导人才。推进社工转型，由“项目社工”成立的社工机构承接的街道、社区公共服务项目总金额累计达1 180万元。三是营造社区公共精神。推广下城“最美精神”、选树“居民模范”，大力建设好家风、完善居民公约。

高速城市化时代的城市更新[1]

罗曼·维特默
Gensler 资深设计师

城市更新有几个阶段，首先是提升城市体验，其次是优化产业、促进活力恢复，最后是绿色生态渗入和智慧城市空间建设。我们要做很多努力才能使项目达到多样化，要考虑环境、客户需求、材料特性等。升级改造可细分为三个层面：翻新、振兴和改造（图1），其中改造是成效最好的，但也取决于项目投资额度大小。改造不是大的改动，而是对建筑进行微调，包括内在和外在，比如对外立面、底层商业街、大堂及屋顶花园的调整。

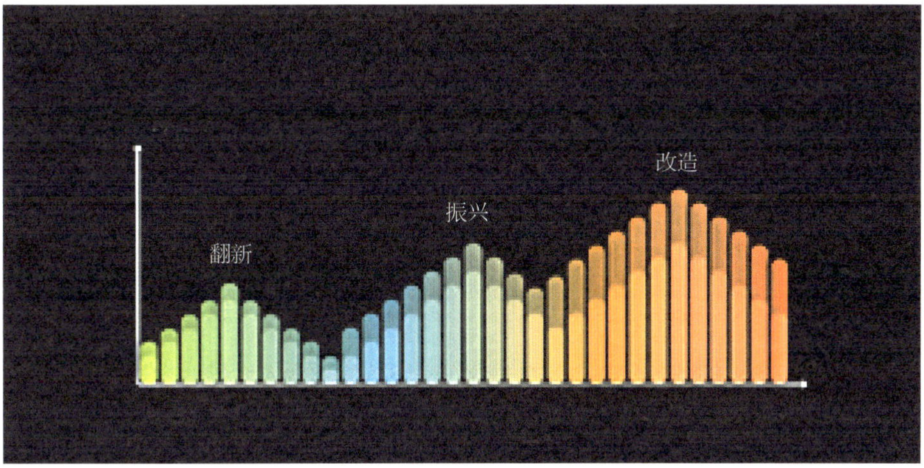

图1　升级改造的三个层面

1. 提升城市体验——张园·吴江路改造

这个项目由于要考虑地铁线，所以沟通和规划非常重要。当时做了一个设计框架，有几个区域需要重新定位：要有一条主题街巷，可以重新激活城市给人的体验和感受；还要有地标广场，使人与人之间能有更多的交流。比如在石门二路新建一个建筑，其实是在创造一个新的商业空间，可以带来很多地上和地下的零售店。但这也面临着一些挑战，要保证不跟三条地铁线冲突，所以在重新规划时需要对楼宇进行分类，是地标建筑、老建筑，还是可以拆掉的建筑等。比如我们将一幢已有的楼内部拆掉，重新装

1　本文摘自作者在“上海市建筑学会2020年学术高峰论坛”上的演讲。

修，外立面进行加固，这样就变成了一幢新的楼宇（图2）。

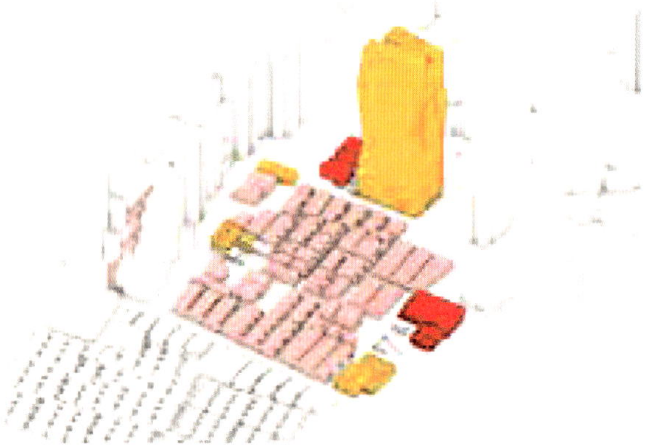

图2　张园·吴江路改造更新规划

吴江路在张园北边，是一条非常老的购物街，我们一直在思索如何将多种空间（比如可以举办活动的空间）引入此处，其实就是楼宇和社群之间的互动，创建微型社区，再次激发城市活力。

2. 优化产业、促进活力恢复——新一城改造

接下来要讲的是通过改造激活经济的案例。我们在北京望京有一个已有区域的品牌重建项目UCS。望京一开始并不是北京的市中心，但是随着经济的不断增长，望京地区变得越来越重要。项目周边有很多居民区和工厂，我们想要在这里创造一个新的办公空间。项目的优势在于：靠近城市交通系统；可以创造一个独特的混合工作、娱乐、学习的空间；大空间可以促进科技创新公司之间的合作；更多潜在的社区配套。项目的劣势在于：现有的租户已租用了建筑楼上4层；现有的结构对设计的影响；现有的建筑核心筒占据了建筑的沿街面；缺乏混合的功能；楼板进深使得建筑缺乏自然光源。可见该项目受到的束缚和限制非常多，我们希望能有一个很好的设计理念，重新焕发这个区域的活力，可以兼顾学习、工作和生活的需求。

项目的难点在于有两个业主：一个是开发商，拥有这栋楼的一二层；另一个是三四层的业主，他不希望建筑有太大的改变。所以一定要有一个非常好的策划，才能给这个楼宇带来全新的面貌。原外立面比较难看，需要进行重新设计，同时也要重新规划所有区域。最后设计的入口可以进入地下一层，也可以到达地面层，这是一个非常聪明的规划，使得整个场所活跃起来。

技术方面的挑战是如何引入光线，大厅的自然光照不够，需要中庭采光，于是设计商业区和办公区分开不同的入口，这样的布局对于科技公司而言是很有吸引力的，一般而言，科技公司对于电的利用效率都不是很好，这个空间的设计使得整体的电的利用效率更高，因为自然照明足够多，人工照明就减少了很多，可以把电用在真正需要的地方。

3. 绿色生态渗入——Willis Tower

芝加哥的Willis Tower非常有名，有5万多人在这里工作，每年160万游客来此旅游，而Willis Tower有很多绿色区域没有利用起来，我们如何创造出自然的感觉呢？首先要有一个地标性建筑吸引人们过来，

要延长每个人在此处逗留的时间。我们需要对这个地方进行激活设计，要思考改造以后的空间和功能，或许是超市、娱乐空间及自然空间，这样一来，空间的使用就丰富起来了。还有一点是，城市以外的体验也可以在这里再现，这也是芝加哥的一个特点所在。比如在屋顶上建造一个绿色花园（图3），让所有在办公室工作的人在屋顶的绿色空间里放松。通过屋顶花园的设计，人们可以看到周边的景观，又可以跟商户互动，此外还能享受绿色环境，促进越来越多的人进行社交和沟通，而不是每天待在办公室里。建立人与人之间强烈的关系才是建筑的目的所在。

图3　屋顶花园

4. Facebook总部

Facebook是一家有创新精神的公司，员工数量很多，对办公空间的需求多样化。Facebook总部的设计概念就是要有一种校园的感觉，而不是一个企业。图4是项目平面图，可以看到它能给人带来很多不

图4　Facebook总部平面图

一样的体验和刺激，里面有不同的食堂、自行车锻炼区域、干洗区、音乐区，每个区域的功能不一样，设备也是不一样的，人们也可以在各个地方进行活动体验，放松以后会带来更高的工作效率。

对于一个企业的总部设计而言，这种设计非常有意思，是非常值得的冒险。它让大家看到了新兴人类需要什么样的设计，Facebook希望吸引到更多优秀的人才，这正是在总部设计时需要考虑的，要有更大、更多样化的空间来使用和分配——一个充满社交的空间，有各种各样能够迎合新兴人类、吸引新员工的设施。最重要的是人的体验，设施是为人服务的。一个好的空间设计是可以让人与人之间进行交流和互动的。

通过城市更新赋予城市活力、文化融合和经济再生[1]

玛尔塔·波佐·吉尔
盛裕集团设计总经理

盛裕集团是亚洲最大的城市工业和基础设施咨询公司之一，主旨是“筑城树人”，主要进行的城市建设已经涉及生活、社区等方面，包括创造人们生活、工作、娱乐的空间，以及建设所需的基本设施，将城市改造成具有可持续发展的工作机会的家园，使城市中的社区蓬勃发展，其中典型的案例就是新加坡的城市更新。

1. 新加坡的发展战略

1965年，新加坡在建立之初缺乏资源及独立的经济体系。不到50年时间，新加坡成为了东南亚最耀眼的一个国家。新加坡获得如此巨大成功的原因在于不断地自我审视和在战略规划上的挑战。

新加坡的战略规划及战略调整主要分为四个阶段。

第一个阶段是1971年的战略规划，相对比较简单。新加坡作为一个刚成立的年轻国家，规划仅简单区分了生活、商业、工业及基础设施方面的需求。

第二个阶段是1991年的战略规划，此时已经有了一定的发展基础。新加坡需要为未来的可持续发展和进一步的经济增长做好充分的准备，规划主旨是在经济发展、社会发展和环境保护之间达到一个平衡，并建立一个稳固的增长基础。

第三个阶段是2001年的战略规划，彼时新加坡已经成为亚洲最为发达的国家之一，其规划目标是继续保持强劲的竞争力。

第四个阶段是2019年新发布的战略规划，规划指出截至2030年新加坡的土地使用方案，最主要的目标是提升新加坡居民的生活质量，帮助后代在环境中更好地生存。

从国家层面来看，新加坡在四个不同历史阶段所做的发展战略规划主要是希望能够保持整个国家的竞争力，以及在经济社会发展和环境保护方面达到平衡，为未来的可持续发展做准备。

2. 城市更新案例

(1)纬壹科技城

第一个案例是新加坡的纬壹科技城，其建设宗旨是吸引更多的生物科学领域的高精尖人才。一开始园区就获得了新加坡政府来自软件和硬件两方面的高度支持。软件方面，当地的机构开设了相关课程提

1 本文摘自作者在“RICS‘洞见未来’苏州峰会”上的演讲。

供人才支持；政府推出了非常有吸引力的人才政策，帮助他们和家人在新加坡落户，发展创业；同时也建立了一个能够进行研究交流的国际性研究平台。硬件方面，当地政府提供了一些基础设施和技术上的支持。

2002年，园区规划占地面积是200万 m^2，总建筑面积达到了360万 m^2。不仅是希望技术人才在这里愉快地工作，更重要的是能够在工作的同时休闲和娱乐。规划最大的特色是在整个园区规划中有一定的留白空间，在未来时机成熟时可根据当下的需求再去规划填充，让规划更加具有灵活性和适应性。规划在整个领域各个板块都考虑了人们的需求，结合了工作和生活的所有功能。

纬壹科技城规划的宗旨和原则是综合性发展，在不同的功能板块之间有着非常细分的设计，赋予了各个板块独特的个性，但是不同的板块之间又能够非常和谐地、一贯地、无缝地连接。

项目规划分为三个层级：总规划、区域规划及更细致的地块规划。在地块的规划上建立3D的模型，不仅能横向上区分功能，竖向上也能区分并融合功能，将工作、生活、娱乐及学习等不同的功能有机地融合在一起，创造出一个适宜人们工作和生活的环境。

纬壹科技城是一个长期规划项目。新加坡政府特意放慢了规划的速度，整个园区是应需而生、应需而变的。为了保证园区的创新与更新能力，园区的规划必须跟政府和相关的规划部门进行紧密的合作，保证园区能够不断稳定地发展、与时俱进。

（2）邻里中心

第二个案例是邻里中心。新加坡建国之初即建设了一些基础设施，政府意识到必须改善每个公民的生活质量，只有公民有了更好的生活，才能够为整个国家和城市的发展做出更多的贡献与努力。邻里中心由此应运而生、应需而生。

邻里中心产生的原因是政府意识到适当的干预是非常有必要的。起初政府未进行过多干预，人们的日常生活都是自发的，出现了效率过低或者秩序混乱的情况。为了让整个社会组织变得更加有秩序和结构化，政府引入邻里中心机制去帮助民众更高效地进行经济活动，并且获取所需服务。这一机制能够保证整个城市能的升级，从而为市民提供更好的生活质量。

为了满足居民基本生活需求，新加坡政府建立了由不同大小的邻里中心构成的密集网络。最小的邻里中心处于城镇中，可以满足居民方方面面的基本需求，包括饮食、银行、社区、医疗、保险等服务，还有公共交通的日常需求。上一级是区域中心，数量稍微少一点，间隔更远一些，但能够满足居民更高一层级的需求。最高的层级是中央商业区。在城镇级别，为了提高服务的便利性，走15 min就可以到达一个邻里中心。政府考虑到了城市当中所有居民的日常需求，希望提供一个服务中心，涵盖生活的方方面面。

邻里中心是为所有的公民建立的一个机构，任何市民都有权利享受邻里中心提供的服务。邻里中心也与其他社会结构如小区团体等进行有机连接和融合。邻里中心内也有将不同功能有机融合在一起的建筑，以满足日常的需求。

（3）金文泰中心

前面这些项目都是应需而生、应需而变的。社会经济生活在不断地变化，人们必须适应这种变化。其中金文泰中心项目很好地体现了这一点。金文泰中心原址是一个老旧的公交站，虽然是当地社区中非常重要的交通枢纽，但是缺乏特色，也缺乏归属感。所以当地政府对它进行更新，融入了一些独有的特点，现在已经变成了一个综合开发体，成为金文泰城镇的中心。

区块的垂直发展对于人口密度大的新加坡来说是非常重要的。金文泰中心项目可以非常明显地看到垂直方向上不同功能的融合，地面保留之前仅有的巴士中转站，改造地下空间为商业区域，地上一层则是住宅、办公区域，屋顶甚至还有一个绿色屋顶花园。经过精心规划和空间设计，营造出一种流动的动线，让人和交通融入其中，将公共区域、半公共区域、私人区域进行组合，满足公共开发和住宅私密性的要求。

该区域位于十字路口，是很多不同的社区交汇的中心，将其打造为一个门户或者入口的概念，可以经由这个区域通往不同的社区。原本有很多台阶，残疾人和老人出行十分不便，考虑不同群体的需求，增设了电梯、坡道等无障碍设施。每个地方都有其特质，这种地方特质可能成为一代人的集体回忆。因此在进行环境的更新和改造过程中，要尽可能地保持这种特质。

原本的巴士总站经过改造后成为了金文泰社区的新地标，不仅是从形象上，更重要的是从功能上密切地融入了当地人的生活。因此，要做的不仅是对现有资产进行升级或改造，更重要的是要有一双慧眼识别已经存在的潜力并且尽可能地发挥它们的价值。

城市的发展必将伴随着科技和社会的发展进步，需要适应和升级，所有的利益相关方包括房地产开发商、设计师、建筑师都要考虑到城市的潜力，将其看作动态发展的生命体，不断地适应新时代的挑战和需求，更好地满足新一代人的需求。

中国城市化进程与经济发展[1]

康　勇
毕马威中国首席经济学家

疫情仍在全世界持续蔓延。中国的疫情已经得到初步的控制，每日新增病例在减少，而中国以外国家的疫情在迅速传播。疫情虽然仍在传播，但是死亡率和致死率在下降，这意味着以后在全球范围内每天没有新增病例可能比较困难，将其控制住是未来比较大的趋势，也是我们更加需要面对的情况。

截至2020年10月，疫情在全世界已经造成超过100万例的死亡了，而2003年SARS在全世界造成了8 000多例感染、700多例死亡。SARS的死亡率约10%，相较于新冠病毒其致死率更高，但传播速度更慢。因此，针对新冠病毒而言，未来只要将致死率控制住就是很好的趋势。新加坡每100万人中感染率很高，但是死亡率超级低，有值得我们学习的经验。

1. 宏观经济和世界经济

中国宏观经济的情况，在工业生产、投资、消费、出口等方面不管看哪一个指标都呈现出非常明显的复苏趋势。2020年第一季度时，各个指标都出现了大幅下滑，但在4月份以后又出现了非常好的恢复。出口反弹超出了很多人的预期，出口是今年经济表现不错的原因之一。出口的拉动有两个阶段，第一个阶段是中国的出口受防疫物资，包括口罩、呼吸机的拉动。3—5月份这三个月中国出口了超过700亿个口罩，相当于全球每个人可以分到10个口罩，所以3—5月份防疫物资的出口对中国整个出口起到了非常好的拉动作用，在第二阶段，即5月份以后，除了防疫物资之外，增长比较快的就是“宅经济”拉动的出口，大家不能外出，只能在家里工作、办公、学习等，计算机、iPad、家用电器的出口数据非常好。

疫情对中国和美国都造成了很大的影响。中国和美国是世界经济发展最重要的引擎，美国第二季度的GDP下滑将近32%。IMF公布对全球经济的最新预测，对中国的预测是今年会增长1.9%，明年超过8%。我们对中国经济的预测比IMF稍微乐观一点，预测今年中国经济应该是2.3%～2.5%的增速。不管怎么看，中国将是全球所有主要经济体中唯一实现正增长的经济体，美国今年下降4.3%，印度下降10.3%。之前有报道称中国的劳动力成本上升，一些产能尤其是服装业可能从中国向印度等低人力成本国家转移，但是疫情暴发之后印度成为美国之外的第二大疫情暴发国家，企业正在把一部分产能从印度搬回中国。

另外一个现象很有意思，中国的外商直接投资数据（FDI）增长很快，现在增长了6%左右。之前有些人担心疫情会使外资撤离中国，现在看来外资依旧看好中国市场的投资前景。中国目前还是恢复得很好的国家，有些产业链在转移，包括今年的热词“中国+1”，从供应链角度来说，有些公司可能需要考

1　本文摘自作者在“RICS‘洞见未来’苏州峰会”上的演讲。

虑供应链的布局以降低风险，但是中国还是起到了非常关键和核心的作用。

中国和美国疫情后经济复苏一个最大的区别就是，中国需求端的恢复比较慢，供给端比较快。更准确地说是在恢复过程中，中国企业端恢复得快一些，但是消费者端恢复得慢一点，跟美国正好相反。中国的生产下降很多，但是恢复很快，现在中国的工业增长相比去年同期已经是正增长，但美国下降很多，并且恢复非常慢。这是一个很有意思的现象：中国消费恢复还不够强，但生产能力很强；而美国经济以消费为主，同时美国老百姓储蓄率低，所以首先要救助消费者。下一阶段中国经济的恢复会更多以消费端的恢复为主，美国的恢复则是以工业生产为主，会对中国的出口形成一定的压力。今年中国的出口形势非常好，明年预期消费的贡献会更大一些，出口的贡献稍微小一些。

2. 疫情带来的长期变化

（1）加速了数字化转型

疫情之后数字化转型的速度比之前加快了数年，这是非常明显的趋势。我们预期2020年网上直播的规模将超过1万亿元。直播电商2016年开始兴起，这一年被称为直播电商的元年，在2018年就到了1 400多亿元的规模，2019年是4 000多亿元，今年预期将达到10 000亿元。

举个例子，杭州四季青服装批发市场是非常传统的一个批发市场，中国各地都有这样的小商品批发市场、五金批发市场等。疫情比较严重的时候，这些商场门可罗雀。其实即便在疫情之前，随着网购、电商的发展，他们的生意也比十年前差了很多，这个传统的服装批发市场的生意受到很大的影响，于是他们做了什么事呢？他们把传统的店铺改成了电商直播间，主播在里面展示衣服，他们面对的不是之前线下逛商场的消费者，而是现在网上的消费者。数字升级为传统行业带来很多转型和升级的机会，这些可能是之前想象不到的，也是大家未来要思考的问题。

（2）新的工作和生活方式的变化

根据毕马威一个针对全球大企业CEO的调查显示，全球69%的CEO、中国80%的CEO表示未来会缩小办公室空间。一个显著的变化是远程办公拓展了企业可以接触到的人才资源池，但同时也加大了企业间争夺人才的竞争，疫情期间管理层和员工的交流也得到了加强。远程办公这个词其实可能并不是很准确，我觉得未来的趋势应该是灵活办公，就是有需要就去办公室，没有需要就不用去，所以办公室和楼宇设计要思考这个趋势。以后为什么不可以在星巴克或类似的社交空间办公呢？现在大家已经习惯在咖啡店、奶茶店见朋友，它们未来是否会变成像WeWork这样的共享办公空间呢？这也是有可能的，疫情对未来的城镇规划、楼宇设计会带来许多的变化。

（3）地缘政治风险可能长期存在

现在大家很关心的一个发展方向就是"双循环"。双循环在"十四五"规划中被进一步强调。地缘政治风险可能会长期持续，比如"百年未有之大变局""很多问题是中长期的"，这些都是新的政策提法。疫情也增加了国际环境的复杂性和不确定性。

3. 未来城市发展的方向

（1）未来城镇化率仍有大幅提升空间

中国的城镇化率已经超过了60%，但是比一些国家低很多。同时，一个更重要的指标是户籍人口的城镇化率。60%的城镇化率是指城镇的常住人口，但我国目前户籍的城镇化率只有44%，还有超过2亿人在城市里居住，但是没有城市户籍，而中国很多福利又是跟户籍相关的，如教育、医疗、购房、购车等。

中国的城镇户籍化率是比较低的，还有很大的提升空间。

（2）大城市增长更为迅速

城市规模可以分为五个级别：低于50万人口的、50万～100万人口的、100万～500万人口的、500万～1 000万人口的、超过1 000万人口的。现在北京人口是2 100多万，但是1985年的时候北京人口还低于1 000万。不管是中国还是世界，在过去这些年非常明显的趋势就是大城市的发展远远快于小城市。中国小城市的人口从过去占比超过60%，到现在只有30%，大城市发展和城市不断集中是一个大的趋势。

过去为什么不发展大城市呢？这里面有一些历史原因，但也可能是由于大家对城市化的误解，觉得城市规模变大以后会带来交通拥挤、污染、社会治安等问题。其实城市规模大不是问题的根源，而是需要提高城市的治理水平，要建造智慧城市。

中国最拥堵的十大城市并不是直观意义上特别发达的城市，比如深圳、苏州都不在其列。而哈尔滨、贵阳、西安、呼和浩特等城市规模并不是特别大，经济也不是特别发达，但为什么城市却很拥堵呢？其实是城市治理的问题。因此，不是要控制城市的发展，而是要提高治理的水平，智慧城市、智慧治理是非常关键的一点。

（3）以中心城市、城市群为特点的新型城镇化

我国未来区域经济发展的一个重要方向，就是发展中心城市和城市群，比如长三角城市群、京津冀城市群、粤港澳大湾区、长江中游城市群、成渝城市群，这五大城市群可能是中国未来发展的主要动力。这五大城市群的面积占全国的1/8、人口占全国46%，但是贡献了全国60%的GDP，换句话说，这五大城市群的平均GDP是全国人民GDP的1.2倍。这些地方消费能力也很强，工业发展也非常好。加强城市和城市之间的合作和沟通是非常重要的发展趋势。

第三章

Chapter 03 应急管理与韧性城市建设

超大城市深层地下空间韧性发展思考[1]

陈湘生

深圳大学土木与交通工程学院院长、深圳大学未来地下城市研究院院长、

深圳市地铁集团有限公司技术委员会主任、煤炭科学研究总院北京建井研究院院长、中国工程院院士

提高城市发展韧性已经逐步上升为国家战略，地下空间综合韧性发展是支撑超大城市韧性的根基。本文将从建设韧性城市的必要性、深层地下空间韧性发展模式、总结和建议三个部分来介绍对超大城市深层地下空间韧性发展的思考。

1. 建设韧性城市的必要性

建设韧性城市的必要性可以从五个方面分析，分别是中国与世界超大城市（群）、超大城市面临的主要风险灾害、建设韧性城市的提出与发展、韧性城市战略意义和国内外学者开展的若干研究等。

（1）中国与世界超大城市（群）

工业革命促进了城市的兴起和发展。目前全球约50%的人口居住在城市区域，创造了80%左右的生产总值。根据世界权威机构对城市评级的结果发现，2018年进入榜单前100名的中国城市有12座，其中4座超大城市、8座特大城市。

对比世界超大城市群和中国超大城市群不难发现，中国超大城市群在尺度和密度上远大于其他地区，这意味着灾害发生的风险也会增大。

（2）超大城市面临的主要风险灾害

城市面临哪些风险灾害？

一是地震灾害。根据沿海城市GDP指数与地震脆弱性的调查关系发现，往往GDP指数越高，地震发生时的受灾程度越大，地震的脆弱性就越强。周福霖院士对粤港澳大湾区未来地震的形势做了预测分析，发现未来强震发生的概率越来越大，并且大湾区人口密集，经济发达，即使发生4～5级地震也会导致严重后果。同样，美国和日本学者对地震做的预测分析也表明未来强震发生的概率越来越大。

二是台风。调查发现台风会对粤港澳大湾区、美国纽约湾区、东京湾区造成严重冲击，并且湾区城市沿海经济程度越高，受台风影响损伤的程度越严重。

三是洪涝灾害。在我国自然灾害直接损失中，洪涝灾害损失占到57%。2020年6月，我国南方洪涝灾害造成11省262.7万人次受灾，直接经济损失超过40亿元。

四是突发事件与突发疫情。最典型的如2019年新冠肺炎疫情的暴发，全球医疗物资紧缺，整个社会经济几乎停摆。

（3）建设韧性城市的提出与发展

韧性的来源和演变经历了由工程韧性（图1）到生态韧性（图2）再到演进韧性（图3）的发展阶段，

1　本文摘自作者在“2020全球城市地下空间开发利用上海峰会”上的演讲。

目前全球各大城市都认识到城市韧性发展的重要性，正在展开韧性城市的发展工作。

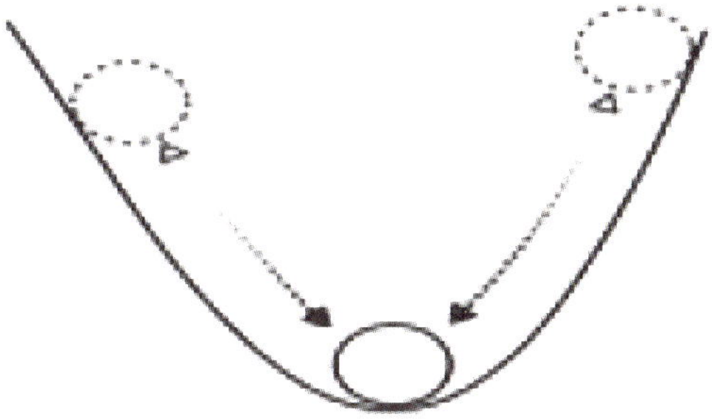

图1　工程韧性

注：系统恢复原状的能力。

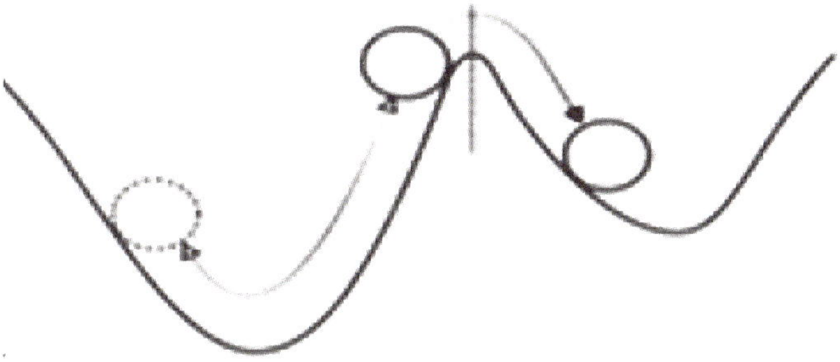

图2　生态韧性

注：系统恢复到原始平衡状态或形成新平衡状态的能力。

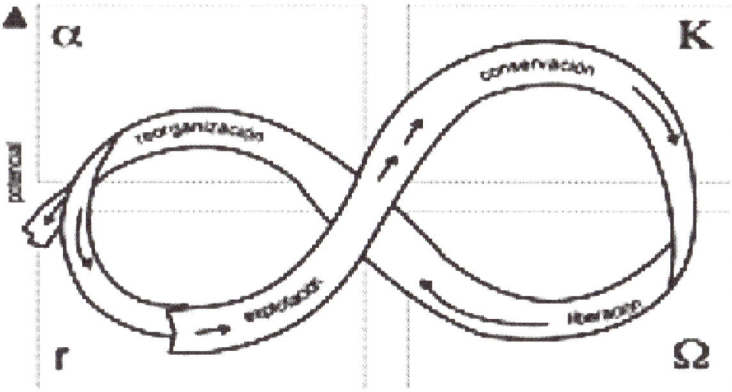

图3　演进韧性

注：复杂的社会生态系统为回应压力和限制条件而激发的一种变化、适应和改变的能力。

（4）韧性城市战略意义

提升城市的韧性已逐步升级到我国国家战略的地位。首先，韧性材料群构建了韧性结构体系；其次，韧性结构体系支撑韧性城市基础设施；最后，韧性基础设施支撑韧性城市的功能和空间。因此土木工程和智能技术的发展极为重要（图4）。

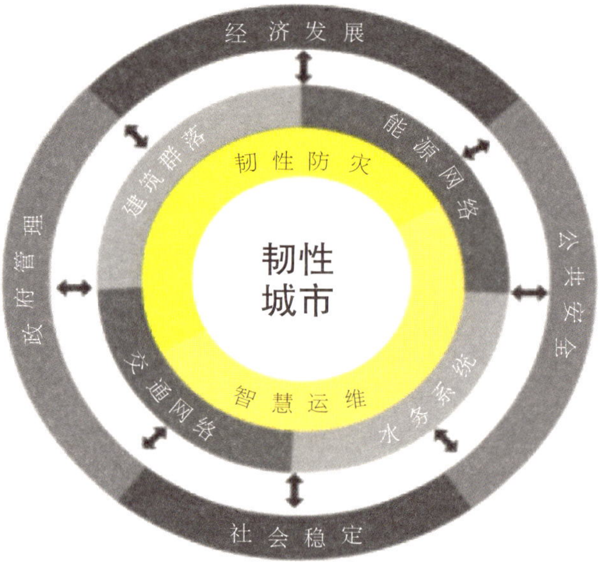

图4　韧性城市的功能

（5）国内外学者开展的若干研究

近二十年来，国内外学者在该领域做了大量的研究工作，包括基于韧性的城市抗震、减震/隔震技术研究，韧性材料研究，以及洪涝灾害防控研究等。

2. 深层地下空间韧性发展模式

钱七虎院士提出提高城市韧性最有效的技术途径是向地下发展。因为地下空间自身的隐蔽性、稳定性和天然的防灾抗震特性，再加上通过建设地下轨道交通、综合管廊、仓储与地下水库，把地上空间的一部分功能转移到地下，不仅能够减缓摊大饼式发展的大城市病，而且能够增加城市韧性。目前浅层空间开发已经接近饱和，需要发展深层地下空间。

（1）深部地下空间岩土工程

目前常见的深部地下空间岩土工程主要有超深基坑、深埋隧道、洞室等。例如苏州河的深隧埋深大约50～60 m，其中地下连续墙围护结构共计93幅，其中深度达到103 m的超深地下连续墙76幅。中石油深圳下沉式LNG储罐深度达到50 m。此外还有通过洪涝控制、污染控制、输水和仓储功能增加城市韧性的工程。例如，日本东京的首都圈外围排水道、新加坡裕廊岩洞、美国芝加哥TARP项目、中国珠三角水资源配置等一系列的深隧工程。

深部地下空间岩土工程面临的主要挑战是深层土体力学特性复杂。由于深层土与浅层土赋存环境、力学性态存在显著差异，施工引起的变形及其稳定控制增加了工程的难度，造成了区域地质环境影响效应复杂。

深邃工程面临的挑战，除了岩土地质问题，还有结构、水力、腐蚀、病害、修复等各方面技术上的挑战。在建的竖井工程面临的挑战除了土压力问题，还有垂直度、填充材料、防渗等一系列技术问题。

深层地下空间韧性基础理论是解决上述挑战的必然途径，在此基础上开展的设计是一种主动设计思维，从动态视角建立地下结构之间的关系，将地下结构与空间系统之间以及地下空间系统与城市的关系纳入考虑。目前全球有8个超大城市正在推进韧性城市建设，其中中国的城市有香港、北京和上海。未来深层地下空间岩土工程将借助各种现代的手段进行韧性发展和智能运维。

（2）深部地下空间物流

地下空间物流系统包括的应用关键要素有政府政策、系统设计、线网规划、施工建造和运营维护等，目前典型的技术有德国研发的CargoCap胶囊管道地下物流系统、瑞士提出的Cargo Sous Terrain地下货物运输网络系统、荷兰鲜花地下物流、英国食品Foodtubes地下物流与磁悬浮配送、意大利真空管配送，还有港口地下集装箱运输，例如美国洛杉矶阿拉米达、比利时安特里普港和中国的上海港等。目前国内“北上深”、雄安等城市在进行地下物流的研究探索，包括京东电商地下物流。整体来说地下物流目前处于模式探索或技术原型的研究阶段，真正意义上成熟的地下物流系统比较少见。

根据内外部竞争环境和分析，地下物流发展优势突出，劣势有待解决，机会与威胁并存。

地下物流未来发展需要深入研究，谨慎发展，需要政府的主导，制定发展战略及政策，需要科研机构展开深入研究，需要试点城市及企业推进探索的实践。

（3）地热与能源地下结构

《可再生能源发展“十三五”规划》中明确地热能为适合大力发展的可再生能源。地源热泵和地下结构结合在一起形成了能源地下结构技术，这一技术的优势不仅节省埋地管的钻孔费用，还节省占地面积。例如德国著名的法兰克福主塔，采用了能源桩基础，有效降低了建筑物的能耗，解决了环境污染问题。

对于能源地下结构可以将高能量密度的结构、功能一体化混凝土材料结合，采用相变材料浇筑能源地下结构，可以提升能源桩换热效率、增加桩体储能量，从而减少热影响范围，起到节约地下空间资源的作用。

除了能源桩模型试验，能源隧道也是利用地热能的潜力技术，因为隧道拥有更大的地下体积和表面与土体进行热交换，而且能够充分利用地铁废热资源，尤其是能源土工布的发明更加推动了能源隧道领域的创新。

（4）地下空间综合防灾抗疫

深部地下空间区别于浅部地下空间，会发生一系列新的灾变问题，带来设计新挑战。深部地下围岩会发生分区裂化、岩爆、大变形，加上突发地震和土壤的侵蚀作用，因此需要从韧性的角度对地下结构进行设计。

基于韧性设计的地下工程，往往是以效果为导向，设计考虑不同情况下保证功能的运行，并且关注功能丧失和社会影响，而且关注灾后的快速恢复，适应新需求及潜在的革新能力。在韧性设计的基础上，再利用信息技术、风爆炸装置探测等风险阻断措施，构筑反恐防爆的防线。对于韧性结构的设计，包括韧性材料、韧性构件及技术以及韧性结构体系三个层次。三者相互支持，共同支撑了韧性结构的设计。

为了应对巨震等自然灾害突发带来的危害，还可以设计地下核心巨震强韧系统。地下核心在地震时将通过存量、增量、变量转换机制形成韧性体系，发挥韧性的作用，确保逃生避难空间的强韧性。一般地下核心设置在地铁枢纽内部。

疫情后，地下空间的绿色技术受到更多关注，深层地下空间采用装配式、模块化的技术进行结构设计，使建造更经济、更绿色，而且方便拆改。全螺栓拼接节点、轻质高强新型装配式构件等易拆改结构构件可以增加城市空间与功能的灵活性，有效应对外界因素及自身发展的不确定性。

对于空间功能的韧性，要发挥平疫结合的功能转换，深层地下空间通过存量、增量、变量转换机制发挥综合防灾抗疫强韧性，存量是提供防灾抗疫备用的模块，增量是平灾转换、平疫转换，变量指的是适应未来和易升级改造。根据疫情数据分析，对比定点医院和方舱医院措施在抗疫中的作用，深层地下空间可达到抗疫情全性能优越的综合高分。

《柳叶刀》发表的论文中将医疗系统韧性定义为医疗人员、组织对危机做出有效准备和反应的能力，在危机降临时维持核心功能的能力，当需要时能收集经验教训进行重组。韧性的医疗系统应该具有自主意识、多元、自我调节、集成和自适应五大特征。例如以色列北部城市海法地下防御医院（Sammy Ofer Fortified Underground Hospital），作为世界上同类医院中最大的一家，平时有1 500个车位的地下停车场，在遇到火箭弹袭击等紧急状况时可以迅速转换为拥有2 000个床位的战时医院。

城市综合韧性防灾抗疫建设框架除了应急功能转换空间、医疗废物处理、应急物资储藏空间建设，对于医疗废物的处理，充分开发利用地下空间，将地上医疗废物由地下物流传送到地下密闭空间进行集中焚烧，将焚烧产生的热能通过地下储能技术转化为绿色能源，为其他地下储能技术供能。同时，地下应急物资储备除了能够防灾保稳定，还可以减少环境污染、保障储备的安全性。

（5）深部地下空间智能韧性运维

深部地下空间智能韧性运维运用智能技术包括物联网、大数据等，构建数字化管理平台，建立全域感知、智能监测、预警应急和快速决策体系，实现地下空间的智能韧性运维和可视化管理。

典型的地下空间开发智能感知技术包括基于数字化传感、微机点MEMS、高精度陀螺仪、无人机、光纤传感等感知技术的地下工程监测应用；基于BIM技术、GIS技术和视频融合技术建立地质信息与地下工程的三维可视化；还有基于物联网、5G通信、大数据与人工智能等技术的地下空间开发信息数据的传输与分析。

以全域感知和数据获取为基础，可以进行地下空间的智能化设计。大武水源地三维可视化信息系统通过信息化的平台实现对多源异构的空间数据和非空间数据的集成管理，并且进行一体化管理策略。微软公司基于多种技术研发了vGIS Exploration，使用户立体掌握所有细节，可用于工程的勘察与设计。通过全域感知和数据获取进行地下空间智能化施工。青岛地铁8号线项目通过团体“BIM+VR”技术让数据模型和虚拟影像结合，直观形象地进行施工、设备吊装等技术模拟，有效减少因看错图纸、交叉碰撞带来的拆改问题。中国三一筑工研发的施工机器人，例如打磨机器人、钢筋绑扎机器人和拆模拼装机器人等，满足了建筑行业施工摆脱“危、繁、脏、重”环境的需求。此外，还有瑞士日内瓦在隧道顶棚悬挂轨道上运行的列车机器人，可以进行长隧道的实时监控；东京地铁研发了无人机检测技术，提高了隧道安全性；美国开发的vGIS产品汇总多源数据、统一增强现实视图显示数据，可用于图纸交底、工程巡检、智能监测等领域；深圳地铁2号线施工方研究了在隧道变形监测中应用的三维激光扫描仪，在隧道自动化监测区域进行3D点云数据采集。全域感知和数据获取还能对群桩全寿命周期进行智能感知和预测，例如深圳南山高新公寓的项目场地存在较大的不均匀性，基于光纤传感、物联网技术对超长装机的建设期和运维期进行全寿命周期的监测研究。深圳地铁12号线海上田园站实施软土基坑全域感知和智能安全监控，通过结合现代数字化感知、BIM和大数据神经网络技术，构建广泛覆盖地铁基坑安全信息的监测与预警平台，实现基坑变形智能预测。深圳地铁3号线大运枢纽站改造工程通过智能监测、传感技术构建全域感知地铁枢纽安全的智能监控与预警平台。未来可以实现先进技术全方位多维度的结合，如微机电、高精度陀螺仪和人工智能等，构建涵盖人员、设备、机械、工程的全面安全的智慧工地。

（6）固废资源与地下空间无废化

地下空间开发过程中会产生渣土、工程泥浆和废弃混凝土，严重污染环境，并造成资源浪费。因此，应采用资源化与无废化技术，原位资源化利用渣土，循环利用泥浆以及资源化利用废弃混凝土。

部分重大的环保基础设施可以进行地下化，比如地下垃圾智能回收系统、地下污水处理厂，实现固废全部资源化利用和地下空间无废化运维。这需要建立固废优化决策管理系统，基于数字化和智慧化的可视化管理平台，以及政策扶持体系。从管理机制、政策法规与标准规范等多角度、全方位地进行地下空间无废化发展。

3. 总结与建议

提高城市（群）发展韧性已经逐步升级到国家战略的地位。地下空间综合韧性发展是支撑超大城市（群）韧性的根基，打造超大城市地下空间一体化安全智能平台，充分利用全域感知、物联网、云计算、人工智能和机器学习等技术进行分析，最终面对风险能够实现有效的事前预控决策、事中迅速应对、事后高效救援，这是超大城市深层地下空间韧性发展的内涵之一。不忘初心、牢记使命，确保人民生命财产，提高人民幸福感、获得感。

深圳大学开展了一系列相关工作，创建了深圳大学未来地下城市研究院，并且筹组并获批建设滨海城市韧性基础设施教育部重点实验室，提出了韧性城市概念，分别获得多项国家自然科学基金和中国工程院、科技部和广东省等重大课题的资助，2019年应邀在应急管理部召开的“首届中国国际城市安全发展研讨会”上做了建设韧性城市的大会主旨演讲。

建设韧性城市，提高城市可持续发展能力与水平[1]

宋春华
原建设部副部长、中国建筑学会原理事长

2020年初，一场新冠肺炎疫情搅动了整个世界。在党中央的坚强领导下，全国人民万众一心、守望相助，经过艰苦奋战，有效遏制了一度肆虐全国的疫魔，取得了伟大的战略成果，在统筹推进疫情防控和经济社会发展方面也取得显著成效。

但疫情并未平息，防疫抗疫压力依然存在。由于我们对新冠疫情的特点和规律还未完全掌握，目前只能说是处于疫情的某个节点上，是从全面应急处理转向经济活动、社会生活和疫情防控统筹推进的新常态。尽管我们对疫情的发展和今后的状态很难做出精准判断，但是前一时期抗疫经历和防疫事实，足以引起我们做一些反思和总结，这对搞好当前和今后的防疫工作、经济社会发展和人居环境建设，是大有裨益的。

2020年11月12日，习近平主席在浦东开发开放30周年庆祝大会上，提出要“提高城市治理现代化水平，开创人民城市建设新局面”，要“把全生命周期管理理念贯穿城市规划、建设、管理全过程各环节，把健全公共卫生应急管理体系作为提升治理能力的重要一环，着力完善重大疫情防控体制机制，毫不放松地抓好常态化疫情防控，全方位全周期保障人民健康”。

《中共中央关于制定国民经济和社会发展第十四个五年规划和二〇三五年远景目标的建议》中，在“推进以人为核心的新型城镇化”方面，特别提出“实施城市更新行动，推进城市生态修复、功能完善工程”；要“加强城镇老旧小区改造和社区建设，增强城市的防洪排涝能力，建设海绵城市、韧性城市”。这是中央文件第一次提出“建设韧性城市”，可以认为，“建设韧性城市”是我国进入新发展阶段历史时期的一项重要的目标和任务。

“韧性”是个物理学概念，指物体受外力作用时，可以吸收变形力而不被破坏的性质和能力。从20世纪80年代开始，韧性概念被广泛地引入到相关领域：比如生态韧性，主要是指自然生态的自我修复和回归稳定的特性；社会韧性，是指社区人群应对外界变化和影响的能力；城市韧性，是指城市在遭受持续性压力或突发性灾害冲击时，应对、恢复、生存和发展的能力。

近年来我国也开始对城市韧性予以关注和研究，但其理论、政策、制度和体系的建设尚在初创阶段。新冠肺炎疫情的肆虐以及防疫抗疫实践，使人们对城市韧性更加关注和重视，这次中央又明确提出要“建设韧性城市”，必将引起社会和业界的高度重视。我们要抓住机遇，认真总结和反思，加强对韧性城市的系统研究并提出相应对策，在推进新型城镇化的进程中做出积极的努力和贡献。

1　本文摘自作者在“上海市建筑学会2020年学术高峰论坛”上的演讲。

1. 以系统性理念，构建韧性城市的“四梁八柱”

韧性城市能综合应对各种安全风险，采取有效措施，对外来风险有适应、缓冲、反弹的能力，把灾害化解为最小，同时又具有事前预防、响应及时和快速恢复的能力。如果把韧性城市比作一座大厦，那么这座大厦一定是“框架结构”，只要四梁八柱不倒，大厦就不会坍塌。

韧性城市的框架是全方位全生命周期的系统性构成，不但要面对即期出现的各种冲击和危机的防控，还要对长期不确定的潜在风险有前瞻性的预控。这里涉及很多方面，包括顶层决策的科学果断和基层的积极响应、防控体制与机制的建立、多领域部门协同应对的有序衔接、韧性的特征与评估方法的选择、基础设施公用工程指标体系和技术标准的建立、健康安全与生活保障的底线设置、监测预警和信息服务的提供、公众防灾意识和自救互救的自觉和提升、经济社会活动持续运转和灾后快速恢复的预案等。

韧性城市也是个整体性的概念，其中的社区建设质量和环境的宜居性是重要的方面，尤其是高层高密度核心区，更应是关注的重点，因为这是人群最集中、最密集的城市空间，是全年龄段人口全天候的集聚地，极易产生人与人之间的感染和传播。2003年非典疫情期间，香港淘大花园爆发329人感染事件是一个深刻教训。因此可以说，必须有韧性的社区，才能有韧性的城市。

2. 选择紧凑型总体布局，留下适量冗余空间，备不时之需

在《中共中央关于制定国民经济和社会发展第十四个五年规划和二〇三五年远景目标的建议》里，中央再次重申，要“落实生态保护、基本农田、城镇开发等空间管控边界”“支持城市化地区高效集聚经济和人口、保护基本农田和生态空间”。这表明城镇（包括各类开发区）必须在边界线内开发建设，应摒弃松散型、满铺满用的布局方式而选择紧凑型、集中式的总体布局，这样才能使城镇留有适量的冗余空间，即城市的战略留白，从而具有较大的回旋余地。平时作为城市的生态用地和重大项目的后备用地，在遭遇疫情或其他灾害的非常时期，就可以作为避难、疏散、隔离、收容、救治用地，以有效应对灾害冲击，保障城市和群众的安全和健康。

3. 未雨绸缪，城市硬件系统要更具保障性和应变能力

城市的硬件系统是城市运行的基本条件，也是韧性城市的物质支撑，其保障作用和应急能力须臾不可或缺。建筑系统除常规的适用性外，应复合应对灾害的功能，尤其是一些大空间的公共建筑，如会展中心、体育馆舍、仓储建筑等，从抗疫救灾的需要考虑，应该配齐水、电、气等设施接口，紧急情况下可迅速转换为收治患者和伤员的“方舱医院”，以缓解医疗建筑的不足。城市生命线系统和隐蔽工程、网络信息系统、交通及物流系统、避难疏散系统等，都应具有足够的保障能力，并在遭到损害的时候有快速恢复和替代的预案。

4. 居家办公、弹性工作或可成为常态

疫情期间，部分单位和工作人员实行居家办公，利用远程办公平台和视频进行交流，避免了交集感染，减少了出行压力，也节省了办公成本，包括一些国际合作交往也可在线上进行交流，改变了过去必须通过国际旅行漂洋过海才能实现交流的固有模式。对于居家办公来说，SOHO（居家办公）住宅更具优势，在居住空间融入办公元素，既有住宅的使用功能，又能满足办公的基本要求，完全可以适应不必

临场作业和现场互动的工作岗位，即或是正常的非疫情期间也可采用这种办公方式，或辅以定期现场交流的混合办公模式。那些必须临场作业的岗位也要尽可能做到职住平衡，那些严格的功能分区使职场和住所往往相距甚远的规划理念和做法应该改变。欧洲一些国家，如德国就在20世纪六七十年代提出了混合布局的概念，某些行业工作地点和住居可以就近布置，有的就在同一社区居住和工作。

近日巴西最大城市圣保罗市政府宣布，市政府直属机构、自治机构、基金会和公共机构将建立永久性远程办公机制。每周5个工作日中可选择1～3天实地办公，其余时间在家工作。市政府认为，远程办公趋势不可逆转，新冠肺炎疫情背景下的远程办公收到良好的效果，既保护了高风险员工群体，又提高了工作效率，同时汽车的使用量减少，水、电、纸张等资源消耗降低，办公成本明显减少，也有利于环保。现在越来越多的巴西企业也考虑将远程办公常态化，以节省开支和通勤时间。巴西地理统计局发布的消息显示，目前巴西约有830万人实行远程办公。

5. 关注住宅的卫生防疫性能，提升住宅的综合质量

人生三分之二的时间都是在家中度过的，今后或许还会更长。因此住宅的品质对人的心理、生理、行为、安全、健康、效率等都会产生直接的影响。为适应人们对居住水平更高的要求，无论是普通的住宅还是SOHO住宅，并非只是面积增加，更重要的是品质的提升，关键是要坚持正确的价值取向和科学的评估标准，这里要做好两方面的工作：

一是要满足群众对住宅舒适度、适老化及居家工作等方面更高的需求，有条件的地区对其基本性能和标准可适当提高。如北京新出台的《住宅设计规范》（地方标准，从2020年开始实施），在最小套型面积（规定为24 m^2，比国标增加2 m^2）、层高（规定为不低于2.5 m，比国标提高0.1 m）、电梯设置（规定为4层及以上，国标规定为7层及以上）等方面都有所提高。

二是更加关注关乎群众生命健康的卫生防疫性能。习近平主席在9月11日的科学家座谈会上提出科技工作新坐标，即四个面向——面向世界科技前沿；面向经济主战场；面向国家重大需求；面向人民生命健康。他解释说，2016年的一次科学盛会上他讲了“三个面向”，这次新冠肺炎疫情之后建议再加一条“面向人民生命健康”。

住宅建筑必须关注人民群众的生命健康，住宅设计应当提高在卫生防疫性能方面的权重。除对日照、通风、防噪等有所要求外，还应增加对疫病预防感染、阻断传播等方面的要求，在硬件设计上应采取必要的措施。如设置户式新风换气加空气消毒系统，以保持室内空气质量，提高卫生防疫的能力；设置卫浴的独立排气，单户并联同层排水系统等，尽快构建并完善住区及住宅卫生防疫、健康安全等方面的标准体系和相应的部品、部件的研发、供应、运维、更新体系。

6. 加快老旧小区改造，解决城市韧性中的薄弱环节和短板

老旧小区普遍存在的问题是“双老”“双弱”。“双老”是指建筑及基础设施老旧，人口老龄化；“双弱”是指抵御风险能力弱，自救能力弱。因此，老旧小区是韧性脆弱的城市空间单元，必须尽快补上这块短板，才有韧性城市可言（图1）。

据初步统计，全国的老旧小区有16万个，涉及4 200万户，存量建筑达100亿 m^2（全国460亿m^2）。老旧小区，特别是2000年前建成的小区，不少是水、电、气、路、绿等基础设施配套不完善，不能为居民提供基本的生活条件和居住安全。第六次全国人口普查数据显示：住房内无厨房的比例为9.97%，无管道自来水的为13.35%，无洗澡设施的比例为28.20%，无厕所的为15.63%。综合来看，非成套住宅约占

图1　现代化城市中仍然存在亟待改造的老旧住区

20%。随着人们对居住条件的提高，急需补齐这些短板，在此基础上还有改善型、提升型需求，有的要求一次到位，以减少多次改造造成的扰民。老旧小区改造是棚户区改造之后又一重大民生工程，不但惠及大批老旧小区居民，让他们生活"更方便、更舒心、更美好"，而且为卫生防疫、居家工作、育幼养老等提供更好的条件，同时还拉动内需投资、创造就业机会，一举多得。

国务院办公厅2020年7月20日发布《关于全面推进城镇老旧小区改造工作的指导意见》（国办发〔2020〕23号），提出2020年新开工老旧小区3.9万个，涉及居民近700万户；到2022年基本形成老旧小区改造制度框架、政策体系和工作机制；到"十四五"末，力争基本完成2000年底前建成的需要改造小区的任务。我们应加快建立政府、居民、社会力量共担的改造资金机制和政府统筹、条块协作、各部门齐抓共管的工作机制，确保今年和今后改造目标的如期完成。

7. 推广装配化室内装修，减少对居家办公、生活的干扰

疫情期间，一些大型基建项目受到隔离或防控要求停工，但有一块建设活动却相当活跃，即室内装修。《环球时报》驻多国记者综合报道，受疫情影响居民居家时间大幅增加，使房屋需求不再局限于居住，还扩展至工作、运动、休闲等方面，从而带来改善居住环境的需求，我国的情况也大致如此。

与欧美国家以独立式住宅为主不同，我国多为集合式住宅或高层住宅，室内装修对邻近住户乃至整栋建筑会造成巨大干扰，严重影响他们的生活起居和学习工作。为将内装干扰降至最低，必须改变传统的现场人工作业的装修方式，推广装配化的内装方式，大量的部品配件应在工厂预制，并尽量集成化、模块化，现场只做就位安装。装配式内装不仅大大减少内装的干扰，同时也有利于提高装修质量、提高效率、降低成本、节省能源和原材料，便于运维管理（图2）。

8月28日，住房和城乡建设部等9部门联合印发了《关于加快新型建筑工业化发展的若干意见》，第

十二条推进建筑全装修中，提出要“推广装配化装修方式”，要求“在商品住房项目中的应用，推广管线分离、一体化装修技术，推广集成化、模块化建筑部品，提高装修品质，降低运行维护成本。”这些要求亦因地制宜地适用于老旧住宅的改造中。

8. 权衡住区门禁利弊，弹性管理更具韧性

为了阻断疫情的传播蔓延，最有效的方法就是封闭隔离，从封城到封社区、封单位、封楼。对社区而言，组团式成片开发的住区（大院），边界清晰，往往设有围墙（栏）和门禁，很容易实行封闭和隔离管理，有效控制局域的人流动向，在新冠肺炎疫情防控方面起到了重要作用。而一些分散的楼群，则只能临时采取措施而有些措手不及（图3）。可见，从防疫角度，不宜否定有门禁社区。之前，从“优化街区路网结构”“实现内部道路公共化”、增加城市空间的开放性、通透度和资源共享的目的出发，曾提出“新建住宅要推广街区制，原则上不再建设封闭住宅小区，已建成的住宅小区和单位大院要逐步打开”，现在看来，从防疫角度应重新审视禁止住区围合等要求，可选择一种正常和非正常时期均可适应、可开可封的弹性管理模式，可能更具韧性。

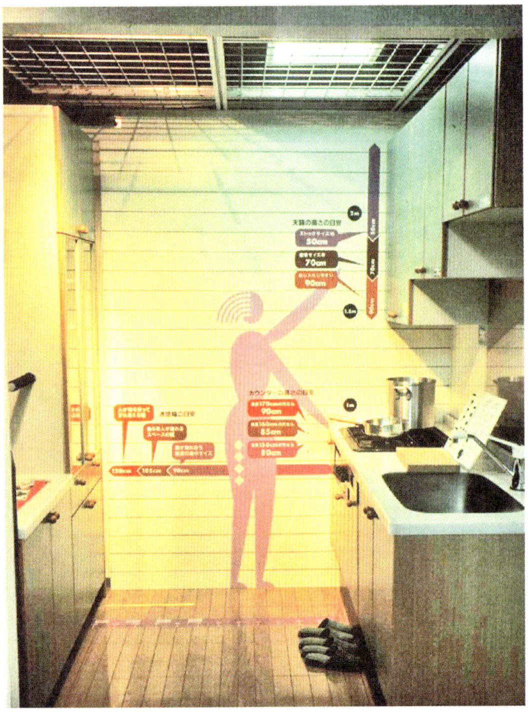

图2　日本根据主妇身高设计预制不同的厨房模块

图3　为应对疫情临时加设的围栏与检测站

9. 生命至上，住宅建筑应开辟第二生命通道

新冠肺炎疫情等灾害，夺走了无数人的生命，让人们无限惋惜而唏嘘不已，并且更加感受到生命的脆弱和宝贵。住宅与人的生命历程息息相关，住宅建筑必须对生命关爱有加，尽其可能呵护生命，减少或排除对生命的威胁，除对各类疫情严加防控之外，火灾逃生也应当引起我们的高度关注。

图4　某住宅全部窗户阳台用栅栏封死

我国每年发生火灾约为4万起，死亡约2 000人，伤残3 000～4 000人，直接财产损失10多亿元人民币。住宅建筑消防疏散设计仅从户门经疏散楼梯逃生，缺少其他自救逃生方式。除户门外，窗口和阳台是第二逃生通道。以往对此做过一些研究和探讨，但并未普遍实施。除担心失窃、增加造价外，主要还是逃生意识不强。君不见，所有窗口都用栅栏封死，是典型的重视财产、漠视生命（图4）。开辟第二生命通道，有些国家在这方面也积累了一定做法和经验，可资借鉴，如土耳其利用室外爬梯（图5），日本开发专用设施利用阳台逃生（图6）等。痛定思痛，必须树立生命至上的观念，保护生命安全是最重要的安全，要结合我国实际，研究开发经济适用、切实可行的逃生方案，经试点、示范取得经验后再大面积推广应用。

图5　土耳其住宅利用室外爬梯从窗户阳台逃生

图6　日本住宅专用阳台逃生设施

后疫情时代的城市与房地产反思[1]

程天富
新加坡国立大学城市与房地产研究院院长

谈及宜居城市的概念，每个城市都有自己的憧憬和想法。在疫情发生之前，很多城市的愿景可以用一些比较正面的词语描述，像美好生活、宜居、绿化等。疫情过后，在规划的策略与想法方面有了一些改变，也就是说一些规划策略要变得比较主动。不单单是要打造宜居城市，还要打造一个韧性的、灵活性的城市，可以根据形势和环境的变化改变城市的愿景。例如面对环境变迁、气候变迁、人口结构变化等非常严重、迫切的问题时，宜居城市要从打造正面愿景变为主动地迎合这些变化进行自我修正。

1. 疫情下的城市空间再考量——城市经济学视角

疫情过后对城市空间的思考应引起充分重视，因为疫情打乱了整个城市规划的布局，影响了经济和生活的步调，也改变了人们对以后经济发展的预期。之前讨论城市规划通常是以城市经济学的角度为主，主要考量空间选择的效益最大化。如何在有限的资源（土地）方面，在不影响土地、环境绿化的情况下更有效地提供空间，让人们去工作、去发展经济。

所以，从城市经济学的角度来说，聚集效应非常重要，因为不管是工作还是社交，大家都希望能够有一个面对面互动的情景。这引领了城市规划的大方向，例如工作的地方都在市中心，基础设施等也在离市中心比较近的地方，人们会通勤到市中心工作。这样的规划虽然在经济效益方面最大化，但带来了一些负面的经济问题像交通堵塞等，因为都在同一时间通行到市中心，会为公共交通等基础设施带来一定负荷。可是当周末或下班之后，这些基础设施没有进行有效的优化和使用，造成周末的时候整个市中心就变得空空荡荡，这里需要考量的就是怎样把城市体系做得更有效。

可能这次疫情发生之后，要重新考量聚集经济的效益。聚集经济是不是以后还能够带动社区产生效益？城市在不同的空间上大部分是比较单一的，即经济效益在时间和空间的配合上有一定失衡，所以说这次的疫情对于城市发展、房地产空间有相当大的影响，我们对接下来50年的规划要重新反思了。

2. 疫情带来的影响

病情不单单影响了社会交流，它给整个经济环境也带来了相当大的影响，尤其是航空业与相关的营业方面，每个国家都面对这个问题，如何去开放经济，如何去考虑经济跟疫情之间的平衡，如何去解决经济与公共卫生之间的冲突，如何在不受病毒传染的情形下继续交流（聚集效应表明人群越密集传播的

1 本文摘自作者在“2020全球城市论坛”上的演讲。

风险也就越高），如何通过积极的方法更好地利用空间。

疫情主要有三个方面的影响，这是经济学面对疫情时的考量。第一，之前的城市设计没有考虑空间和隔离的问题，我们发现疫情期间社区隔离或者社交隔离非常重要，如果没有社交隔离，疫情可能更严重。第二，疫情使得人们对经济的预测和期望变得非常负面、非常悲观。很多国家正面临发展经济和控制疫情这两方面的抉择，如何做到两者的平衡？疫情没有办法控制，经济就会受到影响。同时，经济也必须解封，人们在生活、就业等方面才能够改善。第三，疫情传染预测。为什么疫情可以传染得这么快，社区传染如何去解决？在2003年出现SARS疫情时，只有出现症状的病人才会把病毒传染给其他人，这类症状比较容易检测与管控，疫情的传染速度也比较容易预测。而新冠肺炎病毒，很多时候在没有症状的情形下也会传染，所以如何控制、降低社交传染非常重要。封城和社交隔离的政策非常有效，否则疫情传播的风险可能会更高。一位目前任职于上海科技大学的博士生和他的研究团队，针对中国武汉的封城策略的实证研究，发现封城策略有效地控制和降低了疫情传播的速度。通过指定模型的预测发现，如果没有自我隔离，没有社区隔离，病毒传播的速度和风险将会更严重（图1）。自我隔离降低了病毒在人与人之间的传播的风险，让疫情受到一定程度的控制。在这次疫情之后，如何通过这些隔离政策来抑制病毒传播，然后再逐步地解封和振兴经济，如何在两者之间取得平衡非常重要，从这个方面来说疫情给城市规划、刺激经济增长的政策制定方面，带来了一定程度的危机感。

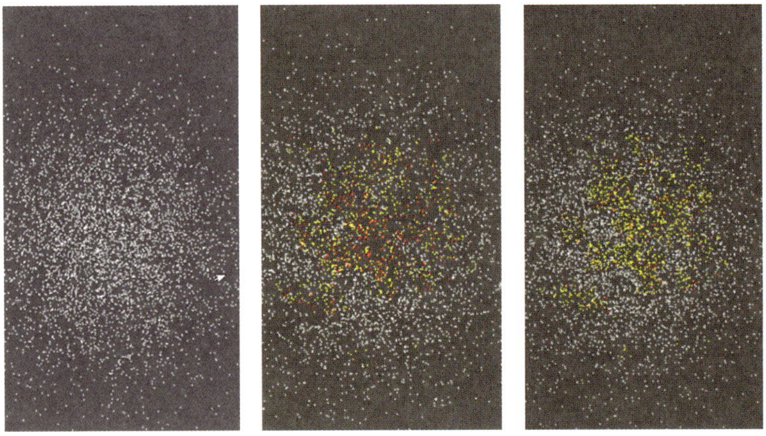

早期感染率和分布　　没有自我隔离　　有自我隔离

图1　自我隔离对病毒传播的影响

3. 新加坡应对疫情的策略及启示

疫情打乱了一些之前的城市规划策略，新加坡采用了多重的措施来控制疫情：2020年4月7日，实施了“阻断措施”，人们开始居家工作，学生必须居家学习等；在6月2日第一阶段解封之后，人们很积极地在避免第二波疫情的发生，到目前疫情已经很大程度受到控制。

疫情之后很多公司、机构开始远程办公，超过80%的劳动人口通过远程的方式来办公，这会对办公空间应用和需求产生多大的影响？很多大公司鼓励员工继续居家工作，像Google的员工已经大部分居家办公。疫情对城市空间可能有三个方面的影响：

第一个是可能加速“去中心化”的过程。

第二个是如何带动旧中央商业区的重新发展。因为目前来说，中央商业区是一个比较单一用途为主的商业中心，当大部分员工都以远程的方式来工作的时候，那些办公空间要如何去应用、旧的办公楼要如何重新发展等问题是需要面对的问题。

第三个就是关于灵活空间应用的考量。在面对疫情的情况下，很多公司实行“业务稳定与可持续性计划”，要如何在疫情期间分组工作以减少工作空间内的人口密集度？其实，很多公司已经开始把他们的员工分组，不让他们同一个时间回到办公室工作，以避免传染的风险。同时中央商业区的密集性、聚集性相应会减少。在疫情期间，不单单是工作场所会有病毒传播的风险，用公共交通通勤时也会受到病毒感染的风险，如何解决新型冠状病毒传播是一个不可忽视的问题。很多公司已在疫情前开始去中心化，把一些后勤设施与营运搬迁到中央商业区以外的一些办公楼，如位于东北的樟宜商业园（Changi Business Park，CBP）和西部的丰树商业城（Mapletree Business City）等，已经吸引了很多银行、跨国企业和本地公司落户，他们不需要聚集到市中心而通过网络的方式来交流。

4. 疫情对办公楼市场的影响

中央商业区的一些空间应用的更新，旧办公楼内的空间会被空置，是否会面对重新发展的命运？目前中央商业区的用途非常单一化，主要是以办公楼和商业活动为主。在疫情之后，这种单一商业化的用途可能需要重新考量，因为在居家办公继续成为默认的工作模式、大部分人不需要回到公司工作的局面下，办公楼空间还有需求吗？空置的空间将如何处置？接下来可能会有更多综合性的商业空间出现在中央商业区里，一些新的商业项目的规划，会把工作、住宅和休闲的设施综合在一起，让住在这里的人可以在同一栋楼里居住和办公；附近的小区内有大型超市、零售店、餐厅、咖啡店、医疗、公园和运动设施等，可以满足这些人日常生活起居的需求。他们不需要依赖太多公共通行，可以减少交通拥挤，也让中央商业内的稀缺土地更优、更好地得到利用。

目前，新加坡政府通过不同的奖励计划鼓励中央商业区内的一些业主重新规划和发展比较旧的商业办公楼，建造更多混合式多元用途的商业项目，为现有的中央商业区重新注入新生命，让它变得更充满活力，提升它的国际金融中心的地位。

办公空间设计方面如何去反思？一般来说办公楼的租赁和租约是比较长期的，但受这次疫情的影响，一些公司会考虑和选择一些租期更灵活的空间租赁方式。在疫情之前，很多共享空间业主和运营公司已经开始提供一些租期比较灵活的空间。这些灵活方式的空间可以满足一些采取灵活工作模式的公司在疫情之后的空间需求。在疫情之下，云端科技为许多公司提供了数据存储和管理的重要功能。一些已有非常好的云端设备的公司，它们的运作受疫情的影响相对较小。相比之下，一些比较传统的公司，没有这些云端科技来储存和管理信息，因而受到疫情的影响也相对更严重。

以绿色生态理念为引领，提升城市韧性发展水平[1]

朱剑豪
上海市住房和城乡建设管理委员会副主任、上海市重大工程建设办公室常务副主任，
上海市“一江一河”办常务副主任

韧性是一个城市适应不确定性的能力。我们应该以绿色生态理念为引领，提升城市韧性发展水平。具体来说就是，通过科学的规划、低碳有序的建设和创新精细的管理，实现城市的可持续发展。

1. 规划生态绿色的城市

科学的规划需要做到如下四点：

一是要有开放紧凑的市域空间格局，形成“网络化、多中心、组团式、集约式”的空间体系。

二是要有以水为脉、以绿为体的生态体系。

三是要建立安全、便捷、绿色、高效、经济的综合交通体系，并带动重要地区的集聚发展，规划形成一张网、多模式、广覆盖、高集约的轨道交通网络。

四是要合理安排多元融合、环境宜人、宜居宜业的职住体系，引导就业岗位的均衡布局，主城区疏解非核心功能及相应的就业岗位，郊区城镇加强就业集聚度，打造职住平衡的产业社区，形成二三产融合发展、配套功能完善和环境景观宜人的产业社区。

2. 建设低碳韧性的城市

今后，低碳有序的建设要重点落实四个方面：

第一，着力提升生态品质，优化自身结构，提高区域的本体生态效应，打造“一江一河”生态空间，为城市提供充足的生态产品，支持其可持续发展。

第二，节能减排，推进绿色低碳城区的建设，实现限制排放和定制排放，实现绿色发展（图1）。

第三，推进绿色智慧型城市建设，推进新型基础设施建设。

第四，因地制宜，扩大海绵城市试点，建设自然集成、自然渗透、自然进化的海绵城市（图2）。

3. 管理共建共享共治的城市

城市的管理体系，是城市自身组织能力和修复能力的体现。创新精细的管理主要是做好三个方面：

第一，大力推进城市运行的一网统管，不断完善分级、网格化管理信息系统，为城市运行“管全

1　本文摘自作者在“上海市建筑学会2020年学术高峰论坛”上的演讲。

图1　上海虹桥商务区——全国首个三星级绿色生态运营城区

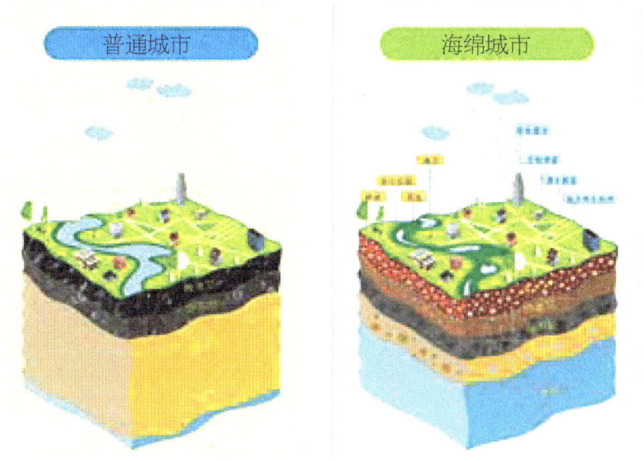

图2　海绵城市示意图

面、管到位、管有效”提供支撑。

第二，加大大数据应用的场景开发，通过城市管理的主体数据库建设，开发最大数据化的智能应用场景，按照建设部平台试点的要求，在日常工作中建立基础的地理信息、信息模型和各类基础设施一图汇集，把多项技术进行结合，进行数字化的数据整合，为基层创新精细的管理提供有效工具。

第三，加强统筹，管理引领规划建设，规划层面要打通住建、交通、水务、绿容、城管等方面。

4. 未来展望

“十四五”时期，上海的发展方向很明确，即聚焦中心辐射、两翼齐飞（图3）。聚焦中心辐射，就是要突出中央商务区的核心功能，在北外滩、黄浦江等地区积极推进城市更新，提升经济密度，强化核心功能。两翼齐飞，主要是聚焦东端的临港新片区和西边的长三角示范区、虹桥商务区，推进更深层次的改革和更高水平的开放，大力建设国家战略承载区。

图3 上海发展方向

围绕上述重点，“十四五”时期，上海能否在“碳达峰”和“碳中和”上迈出坚实的步伐，能否在韧性城市建设上做好引领示范，挑战与希望并存。让我们共同努力，聚焦服务重点区域，以绿色生态发展理念为引领，加强城市规划、建设和管理一体化协同，以此提高城市生态的多样性，打造更加宜居的城市环境，为综合提升上海的韧性城市发展水平贡献力量。

城市的韧性来自哪里？——从居住模式与密度谈起[1]

阮　昕
上海交通大学设计学院首任院长

今天我们谈及城市的韧性往往从技术层面出发，对如何赋予一座城市韧性进行探讨，直到新冠肺炎疫情来袭，也没有使我们的观念发生转变。如身处疫情时代，我们关注的重心更是转为从实际问题出发，即在突发疫情等紧急情况下，如上海般拥有超大体量的高密度城市，在城市空间组织方面应如何进行隔离等应对。甚至，当一座城市遭遇突发性自然灾害，或如欧洲城市般遭遇大批难民来袭，城市本身是否拥有足够的韧性以应对上述突发事件。我们对城市的韧性以及可持续性的讨论往往回归于技术层面，如果一座城市的现有技术足以进行支撑应对，是否可以将此城市定义为可持续性城市？而回望历史中的城市，其可持续性是否等同于今天我们考虑的技术上的韧性？

我将从居住模式与密度入手进行居住方式的探讨。

1. 威尼斯

以闻名世界的城市威尼斯为例。威尼斯是世界上最美的城市之一，也是世界上最有韧性的城市之一。在一千多年的辉煌历史背景下，威尼斯的经济文化繁荣与其城市的结构高度契合。

众所周知，在建城初期，威尼斯的城市功能与定位是一座难民营。罗马帝国由于北方蛮族的入侵而败落，之后以罗马人为主体，于一片沼泽地之中建立了这座如工艺品般美轮美奂的城市（图1）。作为曾

图1　空中俯瞰威尼斯里亚托桥和住宅

1　本文摘自作者在“上海市建筑学会2020年学术高峰论坛”上的演讲。

经的海上强国，威尼斯通过海上贸易，也通过其产业与文化的创造及输出，成功建立了强大的共和国。然而其败落的时间同样历时悠久，虽然葡萄牙人对海上贸易的占据对于威尼斯的败落影响较小。文艺复兴时期，威尼斯还是西欧强国之一，直到16世纪末被奥匈帝国吞并才真正败落。

关于威尼斯的城市结构的形成原因，简而言之是由于威尼斯的本质为共和国，而非以宗教为基础建立的城市。国内人民长期聚居形成的生活方式、居住方式，与其住宅的模式及形式，甚至与城市的结构达成了高度的契合。在此基础上，再进行技术问题的探讨，其中包括水文的问题、建造的问题——如何将建筑建于木桩之上、如何进行雨水收集、如何在岛上生活、如何建立与国外的交流、如何将宗教的合法性引入威尼斯。

威尼斯虽然也是一座教堂之城，但其最重要的部分是沿运河而建的住宅，这些住宅依据城市的生产及生活方式而建立，而城内的生活方式则成为城市的基本要素和基本结构，并由此形成其独特的城市韧性，这种韧性既与我们所说的韧性不尽相同，也与其他欧洲城市有所区别。例如罗马城通过建城仪式，使仪式与人形成互动，从而使人形成对城市的基本理解，最终演变为现代城市。

而跨越罗马帝国战败、罗马人撤离、直到文艺复兴高潮等时期，从较长时间维度来看威尼斯的建筑，文艺复兴时威尼斯的建筑发展实质上受到了城市韧性的节制的作用。作为这段历史比较有趣的后续，野蛮往往可以打败文明，早期的盎格鲁撒克逊人却对罗马人留在英国的文明不知所措，蛮族将罗马人建造的别墅、浴场，甚至以高度发达闻名世界的输水道闲置荒废，致使伦敦在之后的几个世纪的发展中保持“鬼城”的状态。

2. 巴斯

以巴斯为例，罗马人在英国巴斯建造的浴场同样随着罗马帝国的覆灭而被闲置，但由于高度精湛的技艺，今天流水依旧通畅。而之后定居于此的英国人也逐渐形成了其独特的生活方式与居住方式，并于17世纪末期开始与城市结构进行结合，于18世纪达到高潮，巴斯至此完全发展成形。时至今日，我们依旧可以看到，巴斯完美保持着其18世纪的城市结构与城市风貌并极具韧性（图2），而放眼今天的中国，却鲜有传统城市的结构保持至今。

图2　巴斯市中心的住宅群

其意义在于，英国人因远离欧洲大陆而形成的独特生活方式与现代性紧密相连，而现代性虽没有率先在欧洲大陆成形，却于18世纪的英国达到顶峰，并于19世纪以后，逐渐表现为分离性，即工作与生活的分离。英国住宅多为独栋独户，与今天并无差别，但被誉为“英国最高贵优雅的城市”的巴斯，其城市的建成却得益于古罗马时期遗留下的浴场。开发商通过旅游开发的方式，使其成为英国上流社会的温泉圣地。当时的英国人习惯将周边各种事物进行细分，并极其重视自己生活的私密性。而我们今天经常谈论的私密性这一理念，正是源于19世纪中期英国文化传入的影响。

3. 伦敦

而相比之下，19世纪的伦敦已经形成了以其水平性与强大的基础设施为基本结构的城市，并且通过与19世纪英国高度发达的铁路发展紧密结合，城市面貌优美、结构极具韧性。丹麦历史学家、建筑名著《体验建筑》的作者——拉斯穆森（S. E. Rasmussern）在另一本关于伦敦的著作中曾提到，伦敦的水平性一旦遭到破坏，整座城市将丧失其韧性，伦敦也将如今天上海的浦东、莫斯科的中心地区一样，于市中心形成曼哈顿式区域。

伦敦这座城市的韧性也同样体现于其城内生活方式、居住模式与住宅形式的高度契合，并共同形成构成这座城市的基本要素（图3）。城内各类机构建筑、宗教建筑、文化建筑，甚至公园、广场等公共建筑的建造都依托其强大的住宅建筑城市结构，并以城内生活方式为主要考虑因素。

图3　伦敦排屋住宅群

从19世纪末期伦敦的市中心——王宫周边的住宅开发可以看出英国17世纪末到19世纪打造的生活方式，即居住者通常购买外表相似的房屋之后，自己历经年月逐渐进行室内精装修，并由后代赠与住宅保护委员会，最终成为一座记录时代与先辈生活点滴的博物馆——从入住初期生活拮据，需要去罗马购买便宜艺术品，到随着经济的逐渐充裕，开始注重品位生活与温馨家庭环境的打造。英国住宅建筑发展到19世纪，建筑内走廊通道都配有可关合的门，私密性极高。起居室房间风格的形成，成为主人对房间所有权的彰显。而在建筑相同外立面的内侧，却蕴含着居住者丰富的个人生活。这种居住模式最终与伦敦的城市结构相结合，并与19世纪维多利亚鼎盛时期的伦敦的生活模式达到高度默契。

4. 如何建造中国的城市韧性

中国的城市曾经极具韧性，例如20世纪40年代的北京，当时国人的生活方式与其对宇宙世界、对皇城、对自己的认知完全契合。因此今天我们可以看到于北京市中心，金光灿灿的紫禁城坐落于一片灰色的四合院中间。

上海并非历史悠久，而是一座新城。鸦片战争后，由于难民的涌入使开发商看到了商机，通过中洋合作的方式，在短期内打造出“里弄住宅”这样一种适合于旧上海现代城市生活的居住模式。里弄住宅虽然形成速度极快，但其发展的黄金时期却同样极短，仅有十几年，上海的居住模式从最初大家庭聚居于合院，发展为黄金时期的小家庭同住，而城市则提供其他生活所需场所如剧场、赌场、饭店等，但最终由于迅速到来的过度拥挤对上海的城市韧性产生了极大挑战。

而当适合于城市、适合于当地居住方式的居住模式受到挑战，当现代城市用于决定城市结构与城市形成的方式发生翻天覆地的变化之后，与英国传统城市以居住方式为建造基础不同，我们却通过对各种效率的恒定来决定城市的建造方式。其中比较重要的几点：其一为基础设施，工程师对城市结构的影响之大，从近年上海的发展可以看得很清楚。另一点为密度，密度带来效率，但若城市的居住方式以密度为导向，居住形式与居住方式将会产生断点。

5. 密度的误区

密度存在误区，看似科学、理性、中性，实则不然。当我们谈及数学的密度、物理的密度，如人口密度、套密度、容积率、建筑密度，各种概念容易混淆。而每一种密度代表的意义为何？密度数值的表现是数学衡量还是感知的一种？而以密度、以定量的方法和技术的手段来确定建筑形式与城市结构，对城市的韧性产生的影响是什么？

我和汪灏在《建筑学报》2020年第11期中以一篇名为《密度的误区》的文章提到：提高人口密度在现代被当作理性科学且快速建设现代化城市的方式之一。罗马庞贝古城的人口密度约为16 615人/km^2，明清时期的北京人口密度则为16 622人/km^2，其居住模式与城市结构极为相像，而上海外环以内区域的人口密度在2012年左右为16 828人/km^2。看似中国城市的发展效率数据喜人，若单着眼于人口密度数据，结果其实不然。由于现代城市建筑形式多样且功能高度分化，而人口密度容易落入“以偏概全的陷阱”，存在极大的误区。

在众多密度相关的概念中，套密度尤为重要。根据旅美历史学家的计算，美国当时平均套密度为每英亩15套，且使用率极高。然而计算套密度时需同时平衡道路占地面积，如道路面积与套密度面积发生变化，则会出现如曼哈顿小街区，每一英亩街区需半英亩土地进行交通配套的现象，而增建道路则导致了恶性循环，加盖高层进一步给道路增加压力。

美国城市社会学家的关注点为城市生活的丰富性，认为高密度为丰富城市生活的基础。如若换算为套密度，约为每英亩200套，而若按照人口密度计算，每户3.5人，则密度高达17.3万人。套密度与服务道路的关系复杂，而容积率相对简单，当今社会下开发商对于容积率的到达程度尤为关心。根据当时剑桥土地经济研究所，对于容积率与建筑形式或居住形式的相关分析，点式建筑即高层建筑的容积率效率最低，而容积率效率最高的建筑类型是以合院为代表的围合型建筑，研究者曾把纽约市中心的38层点式大厦设为基点进行研究，如要达到同等的密度，八层的围合型建筑即可解决问题。若仅仅根据密度研究，通过建造高层建筑达到密度的高峰，在不考虑住居者的生活方式的情况下，可以达到15.55万人/km^2，还不及曼哈顿格林威治村。

以我国香港特区（图4）为例，合院式的高层建筑可达到极高的密度。上海于近10年城市开发工作的开展中，30层的高层居住区的容积率为2% ~ 2.5%，而在20世纪初期，新式里弄建筑也能达到同等密度。

图4　我国香港近似于围合式的高层建筑

西方学者对密度进行包装、将其浪漫化，认为高密度可以带来丰富的城市生活，但并未考虑到密度与宜居性的关系。例如，西方学者在将香港的高密度浪漫化的同时，却忽略了香港的人均居住面积与美国相差甚远的事实，而内地的人均居住面积却已高于欧洲，达到36 m^2/人。从此角度来讲，西方学者生活的纽约格林威治村的情况与香港的高密度并不相同。再例如上海前法租界，各种建筑形式以合适的密度相互组合，其较高的容积率、人口密度与公共空间达到了良好的结合。

无论是人口密度、套密度、容积率，还是建筑密度，其本质都是比值或分数。而对于建筑，却无法只以分数数值为基准点进行设计。例如，将点式建筑印在橡皮纸上并进行拉伸，建筑将变得肥大，即使密度数值保持不变，人对于建筑物的感知却将完全改变。密度并不可以仅通过理性和科学的方式去量化，因为密度与个人的感受、文化背景、所处的环境息息相关。真正足以对密度感知做出贡献的是建筑师的技艺与设计的水准，优秀的设计将所有因素进行连接，在实现高密度的同时不产生拥挤感。而若工程师以所谓理性、科学的方法进行城市效率的确定，这样与生活方式、城市结构都严重脱节的城市是否会具有韧性?

6. 结语

如果将密度问题与周围环境进行脱离，人们感官上会由于密集的窗子而产生拥挤感，实际上却并非如此，物理密度与感知密度无法以数学手段或者工程方式进行衡量，而建筑师之所以不失业，是因为建筑是一门艺术。

我入职上海交通大学之前时常由于出差投宿朗廷酒店，继而从朗廷酒店观望当时上海的城市肌理

（图5）。我认为上海作为一座城市，除了20世纪初的一个短暂时期外，至今还没有找到自己真正的城市文化，使其可以与其生活方式、住宅形式与城市结构达到高度默契（图6）。但我认为上海作为一座相对年轻的城市，特别是于城市风貌问题上，未来将大有发展，但如何改进需进行综合性思考。最重要的一点，建筑是艺术的一种，城市韧性与可持续性非技术性问题，而是文化和伦理的问题。

图5 从朗庭酒店看石库门民居

图6 上海城区鸟瞰

韧性基础设施与可持续发展性投资[1]

叶　臻
伦敦大学学院巴特莱特可持续建造学院基础设施经济与金融学副教授、厦门大学金融学讲座教授

中国的长城历时千年，用途也从最初的国防基础设施转变为如今的旅游景点。人类社会的许多历史遗产其建造的初衷都是永久存在，因此不惜代价建造，而陪伴这些巨大结构的城市却已不复存在。人类文明中历时久远的建造物是否具有论坛主题中提到的韧性？回答是肯定的，但是否值得不惜代价，也是值得探讨的。

从金融学角度来看韧性基础设施对可持续投融资的作用，认为韧性基础设施可以延缓股权资金成本上升和因重大事件造成的预期现金流不足以覆盖债务的破产风险。根据以上几点，有必要针对韧性基础设施的正负外部性、新旧基建的融合和投资效用做探讨。

基础设施韧性狭义上是指城市中提供系统性、互联互通的重要设施的延续性及其面对重大灾害的耐受能力。广义的韧性基础设施具有发展的可持续性、生态和人文的包容性及可适应性。

1. 韧性中的包容性

先从韧性基础设施的正外部性和负外部性来看两者的关系。如果按照广义定义来看，目前许多城市基础设施都不具备广义的韧性。如一些城市中的地铁和快速公交系统（BRT）只有上的电梯没有下的电梯（图1），对老年人和残疾人造成了诸多不便。对于这些缺乏设计包容性的设施，未来的投资需求是改

图1　只有上行电梯而无下行电梯的BRT

1　本文摘自作者在“2020全球城市论坛”上的演讲。

造，以避免低效率的重复建设，使未来城市变得更为宜居，通过正外部性吸引更多的人和资本。

同时，现代化进程中基础设施的负外部性要求我们对“城市病”进行系统改造。根据中金公司的一份研究报告，“城市病”是指人口向城市集中，但城市基础设施相对欠缺而引起的一系列社会问题，具体体现在交通拥堵、内涝、空气污染、水体污染、固废危废堆积等。

正外部性和负外部性的存在使得我们必须考虑之前提到广义范畴的韧性基础设施中的可持续性、生态和人文包容性及可适应性。我们需要设计更为包容的韧性基础设施，必须考虑到基础设施对于儿童、老年人、残疾人这些不同群体的包容度。

2. 新旧基建融合

可以设想未来的投资重心将逐渐向市政建设方向转移，这包括了最近大家比较关注的新基建和老城区改造，特别是新旧基建中没有广泛交集的高科技创新部分。这些属于应用领域以高科技创新为主的新基建（人工智能、大数据、物联网、自动驾驶、5G、机器人等），如何与旧基建中的城市建设、公共事业和社会保障融合，市政建设设计中如何考虑未来机器人的地位和人机交互，自动化驾驶与先进轨道交通间如何避免重复建设等，是需要提前考虑布局的问题。这些问题还包括新基建中人工智能和大数据如何进一步提高传统基础设施的数据以支持韧性，基础设施的运营效率如何通过大数据和人工智能得到进一步的完善。

从金融学的角度来看，本人团队近期的一些研究显示：市场风险倍数（按β值）估算的中国新基建市场风险略高于旧基建，因此新旧基建的融合问题变得尤为重要。针对新基建的市场风险倍数高于旧基建可以有几方面的解释：第一，新基建的预期现金流有较大的不确定性。第二，新基建还未能完整地融合到旧基建的改造中。第三，根据2019年Preqin公司对全球基础设施投资的调查显示，过半的投资方最关切的问题是资产定价和市场竞争结构。过高的资产定价导致未来收益下降，而市场缺乏竞争机制导致垄断的形成和缺乏创新。从资产定价和市场竞争结构两个方面看，新旧基建的融合需要更多考虑市场结构和创新的关系，而其中了解所有权和绩效是理清两者关系的核心。

3. 基础设施作为一种资产类型

从全球的视角来看基础设施可持续投资这一命题，基础设施作为一种较为稳定的资产类型正在受到全球投资人的热切关注。通过对10年标普全球基础设施数据进行资产定价（CAPM）模型回归，可以推导出基础设施的风险回报率在9%左右（图2）。虽然全球基础设施的年化回报率低于标普500（3%比11%），但其年化波动率也低于标普500（15%比17%），加上稳定的红利和真实资产效应，机构对于这一资产类型的偏好在不断上升。

从债务角度看这一问题，韧性基础设施的效用是延缓因重大事件造成的预期现金流不足以覆盖债务的破产风险。疫情之前全球大多数收费公路的偿债覆盖率（DSCR）在2倍以上。新冠肺炎疫情下全球收费公路日交通流量（ADT）大幅下降，减少到了80%左右，偿债覆盖率（DSCR）下降到破产边缘的1倍稍多。由此可见，对于重大事件造成的预期现金流不足在短期内直接加大了全球收费公路的破产风险，这一影响还波及航空、铁路及公交行业。因此设计韧性基础设施从金融的角度来看必须考虑到百年不遇的大事件对偿债覆盖率的冲击，把小概率的事件冲击纳入未来现金流的分布参数中，从而更好地预测未来投资的债务风险。

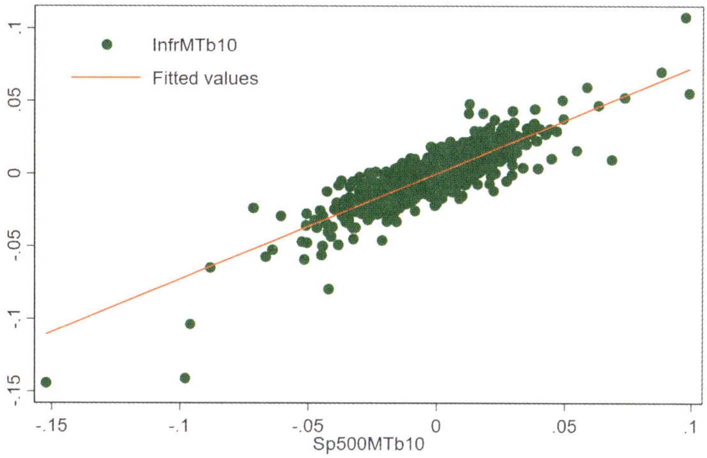

图2　全球基础设施的CAPM资产定价模型回归

从长期视角来看，气候变化对可持续投融资的作用尤为重大。与上面提到的大事件所不同的地方是气候变化作用于长期资金成本，从而使得投资回报率下降。在排放不断减少的碳中和前提下，每个国家被迫在经济复杂度和基尼系数（代表收入不平等）之间做出选择。本人团队近期的面板回归结果表明，在控制人均排放后，过去半个世纪以来全球社会贫富差距分化正在加剧，迫使民族国家在产业升级和收入不平等两个方面做出选择（图3）。只有通过不断提升经济复杂度，国家才能摆脱收入高度不平等、产业发展层次低的历史命运。

图3　人均排放、经济复杂度和基尼系数的全球面板回归

从资本市场的角度来看，资本市场目前是通过环境、社会与企业治理（ESG）三个方面来影响基础设施投融资可持续性的。对于ESG的关注度不断提高。从可再生能源到有社会责任的初创公司，环境、社会和企业治理正在成为风险管理的主要核心及创造潜在价值的驱动力。更大的压力来自发行人对于

ESG的披露要求，信息透明度的要求及ESG标准和框架通过投资协议传导到资本市场中的参与各方。正如同气候变化协议影响了产业政策，ESG正在通过金融行业的规制和框架协议影响资本游戏的规则，如各种评级机构采纳ESG并将其纳入综合信用评估体系。

结合考虑目前国家提倡的新基建，必须处理好新基建与旧基建如何融合、理清基础设施的市场结构和创新，以及所有权和绩效提升两者之间的关系等问题。设计韧性基础设施从金融的角度来看必须把小概率的事件冲击纳入未来现金流的分布参数中，从而更好地预测未来投资的债务风险。我们需要设计兼具包容性和可适性的韧性基础设施，从而减少全球资本市场融资中长期资金成本由于碳中和目标而急剧上升的风险。不惜代价地生产基础设施并不能带来更高的边际收益，有可能会加剧系统性金融风险。在达到一定基础设施规模后适度地金融化，进一步提升基础设施利用的效率，通过引入不同类型的所有制进入基础设施投融资领域，通过绩效管理提升基础设施资产的利用效率。韧性固然重要，但我们更需要精细地管理基础设施，使基础设施具备长期的包容性和发展潜力。

久住
王員外家
孫羊店

第四章

Chapter 04

历史传承与人文城市发展

城市治理与社区认同[1]

李智陞
新加坡国家发展部部长

由于新冠肺炎疫情，我们首次在线举办世界城市日全球城市论坛。尽管有疫情，我们还是要表彰城市中的社区建设，社区塑造了我们的城市，使它更人性化、更有人情味。它们还能使城市在危机期间更具韧性。

世界各地的城市都面临着类似的挑战—不断增加的人口密度、平衡现代化和遗产保护的需要、人口结构的变化、气候变化，相互交流知识、增强应对这些挑战的能力是非常重要的，要确保领导者能够获得广泛的想法和可能的解决方案，然后根据当地的情况，在城市中调整和实施方案。世界城市日这样的交流平台让不同的国家和城市能够共同创新，创造可持续的、包容性的发展。

新加坡通过与联合国人居署和上海在全球知识共享方面的合作，支持联合国可持续发展目标和《新城市议程》，例如为发展中城市组织联合能力建设计划。国际城市领导人借鉴了全球城市转型的经验，与来自新加坡和联合国的实践者共同制定战略，以解决经济适用房、水和废物管理，以及公共交通等紧迫的城市问题。非洲和南美洲的43个市政府参加了这些计划，收到了良好的反馈。

新加坡还与上海共同努力，于2019年4月成立了上海—新加坡全面合作理事会（简称“沪新理事会”，SSCCC），以进一步加强两市合作。新加坡也一直在与上海市住房和城乡建设管理委员会就城市治理展开合作，互相交换专业知识、见解和想法。

在城市中，高质量的生活包含高质量但经济实惠的住房。在沪新理事会城市管理工作小组的领导下，新加坡和上海展开了联合研究，从以往的住房经验中总结出重要的教训。基于行业本身的创新和创造力，上海与行业密切合作，规划和开发经济适用房，这将有助于建设一个强大和充满活力的建筑行业。

新加坡将城市治理和总体规划结合起来，各居民区均与公共交通设施畅通连接，还有优秀的便利设施和绿色空间，让新加坡人得以在同一区域生活、工作和娱乐。上海和新加坡可能有不同的政策和行政管理框架，但两者都通过社区主导塑造公共空间，利用住房来打造社会纽带和归属感。

强大的、有根基的社区巩固了城市，使它们更有韧性，更有能力应对不确定的风险。很高兴上海和新加坡能够加强合作，加强知识和专业交流，特别是在可持续城镇规划和智能物业管理等领域。

全球许多城市仍在艰难应对新冠肺炎疫情带来的干扰。人们需要适应新的生活、工作和娱乐方式。因此，人类必须继续相互合作，为我们自己和子孙后代创造一个更可持续的未来。

1　本文摘自作者在“2020年世界城市日上海主场暨全球城市论坛”上的演讲。

从上海世博会到世界城市日
——大型国际活动对城市可持续发展的影响[1]

洪 浩
世博会博物馆理事长

人们谈到世博会的时候常常会提到这样一句话——“一切始于世博会”。1851年在英国伦敦举办的万国工业博览会是第一场世博会，此后170年间，前后举办了40余次世博会。当我们谈“一切始于世博会”时，是在肯定世博会对人类科技创新、工业文明的推动，从爆米花机到留声机、从电动机到航天飞机，这些影响人类生活的创新成果都是通过世博会推向全球市场的。

同时，当我们谈到“一切始于世博会”，我们也是在推崇世博会对全球问题的关注和不懈的探索，它不仅记录了人类文明的脚印，也承载着人类对当下和未来的思考。20世纪70年代以来，多届世博会致力于推动可持续发展和无污染技术的进步。“水乃生命之源”“海洋——未来的财富”“人类、自然、科技——展示一个全新的世界”等可持续发展的命题先后成为世博会的主题，可以说世博会承载着人类对未来可持续发展的美好愿景。

自从中国承办2010年上海世博会以后，我们谈及“一切始于世博会”时，会多一份深厚的情感，也带上了更深刻的思考。作为中国举办的首届世博会，经过主办方和参展方的共同努力，成功精彩难忘的上海世博会为上海乃至于中国留下了宝贵的物质和精神遗产。对中国而言，以“城市，让生活更美好”为主题的上海世博会从城市发展的视角关注了中国正在进行的社会经济转型和发展方式转变，具有很强的现实意义和长远价值。

第一，上海世博会对城市化产生的各种问题进行了反思，发出了对环境保护、低碳发展、可再生能源转变、科技创新、信息化发展和多元文化培育等方面的有力呼吁。

第二，上海世博会强调以人为本的精神，鼓励居民全面参与城市规划和管理，共享城市发展成果，注重社会公平和社区认同，在全面协调的基础上强调城市的可持续发展。

第三，上海世博会创新性地引入城市生命体的概念，强调城市不是建筑的堆砌物，而是合理有序自我更新、充满活力的城市生命体，具有自我完善和调整的机能。

这些世博精神的异彩都成为中国城市发展中的坚实砖瓦，当前我们在经济社会发展中倡导创新、协调、绿色、开放、共享的新发展理念，强调以创新为核心，在新时代人民城市建设的实践中坚持人本价值，致力于完善共建、共治的共享格局，在国家治理体系和治理能力现代化的推进过程中，城市是生命体、有机体，要敬畏城市、善待城市。

可以说，上海世博会强调创新和可持续发展的精神，为中国当下城市发展理念的形成和落实做出了出色的思想铺垫。对上海这座城市而言，世博会更是意义非凡。它不仅仅是一次精彩纷呈的国际活动、一场盛况空前的主场外交，更是城市发展的一次重大的历史机遇，给上海留下了宝贵的物质和精神遗产。

---

1 本文摘自作者在“2020年世界城市日上海主场暨全球城市论坛”上的演讲。

上海充分利用了这次契机，将世博会筹办纳入了整个城市长远发展的理念中，全面推动城市建设迈向现代化，使得上海的基础设施建设和城市化进程提前了20年左右。

值得一提是，世博会地区在最初总体规划的时候就被纳入了黄浦江两岸乃至上海市旧区改造和产业结构调整的整体规划中，贯穿了上海转型更新的关键，统筹考虑办博要求和后续利用的要求，力求对强化城市功能和提升城市形象发挥长远的作用，成就永不落幕的世博会。

作为一场立足全球、面向未来的世博会，上海世博会不仅提升了上海城市硬件设施建设、推动了城市发展模式转型，更留下了《上海宣言》《上海手册》《世博志》等重要的精神财富，使创新和可持续发展融入了上海的血脉。当时，上海世博会主办方的理念很明确，提出着手六个月、着眼六十年，不仅要办成可供7 000万人参观的大众的嘉年华和教育场所，更要打造一个讨论人类发展重大问题的重要平台，留下宝贵的思想结晶。“世界城市日”就是其中最璀璨夺目的一颗明珠。

作为首届以城市为主题的世博会，上海世博会向全世界传达了“城市，让生活更美好”的理念，给国际社会留下了追求进步、崇尚创新、促进开放共融、倡导和谐的宝贵精神财富，为推动人类文明进步和城市可持续发展发挥了重要而又独特的作用。

在上海世博会闭幕时所举办的高峰论坛上，《上海宣言》正式发布，成为了世博会最重要的思想成果，同时宣言本身也成为了城市可持续发展的一个里程碑。《上海宣言》倡议将上海世博会闭幕之日——10月31日定为“世界城市日”。上海世博会结束后，根据党中央、国务院的指示，外交部、住房和城乡建设部、上海市政府自2012年4月起，正式启动了“世界城市日”的申设。

上海市将之视为上海世博会的最后一件事，承担了国家任务的具体准备工作。在政府有关部门的共同努力下，国际展览局全体大会、联合国人居署理事会和联合国经设理事会先后建议设立“世界城市日”，最终在于2013年12月28日开展的第68届联合国大会上通过决议，决定自2014年起将每年的10月31日设立为“世界城市日”。

作为“世界城市日”的运营地，近年来上海以推动全球城市可持续发展为已任，坚持不懈地推动相关工作。一方面在汇聚全球可持续发展知识和经验的基础上，推广城市治理的中国智慧和上海方案，以上海世界城市日事务协调中心为主要抓手，集思广益并切实行动，以城市可持续发展和联合国2030年可持续发展议程相关的内容为主线，通过主题活动、论坛、培训、成果分享等形式在国际平台展现各国城市可持续发展的最佳案例，讲好城市治理中的中国故事。作为城市名片，《上海手册》已成为交流全球城市治理优秀实践经验的重要平台，树立了一个可持续发展领域的多边国际合作的典范。

另一方面，上海正在努力为城市可持续发展提供中国典范和上海样本，从上海世博会到“世界城市日”，城市可持续发展已经融入上海建设和治理的基底中。上海将新发展理念贯彻到城市规划建设全过程，积极地提升城市治理体系和治理能力的现代化水平，在对老小旧远等突出民生难点、旧区改造和社区治理等具体工作，以及社会关怀和公共服务的细微环节中，处处彰显着上海对可持续发展的追求和对人类价值的坚持。

与此同时，在这座包容开放的城市中，共建、共治、共享理念日益深入人心，广大市民参与城市建设和治理的积极性不断提高，人民城市建设的内升动力日益强盛，人民城市的发展活力不断增强。

世博会博物馆和“世界城市日”分别是上海世博会留下来的宝贵物质财富和精神遗产，世博会博物馆和上海世界城市日事务协调中心于2019年签署了战略合作协议。未来我们将以世博会和“世界城市日”为平台，紧密团结、分工合作，为上海建设有世界影响力的社会主义国际化大都市做出更大的贡献。

十年前，上海世博会“城市，让生活更美好”的愿景激励着各国城市沿着可持续发展之路前行，十年后，我们共庆“世界城市日”，呼唤各国重视城市化问题，致力于提升社区和城市品质，为构建包容、安全、韧性和可持续发展的幸福家园而奋斗。上海也通过建设人民城市的不懈努力，为2020年“世界城市日”年度主题提供了一个生动的中国样本。祝愿“世界城市日”未来能够在全球城市发展中承担更重要的角色、集聚更大的能量，为各国加强在城市化领域的合作提供更多的契机。

作为一个平台、一座桥梁，“世界城市日”将不断推动全球城市可持续发展，让城市承载起人们对美好生活的梦想。

世博会与城市更新[1]

周汉民
全国政协常委、民建中央副主席、上海市政协副主席

1894年，改良主义思想家郑观应先生在《盛世危言》一书中提到“故欲富华民，必兴商务，欲兴商务，必开会场。欲筹赛会之区，必自上海始”。他认为上海是中西总汇、江海要冲。他不仅是提出上海办世博会的第一人，也是提出中国办世博会的第一人。但当时积贫积弱的中国既无此心，也无此力。20世纪80年代末，一位日本友人首次来到中国推介世博会，他曾参与过大阪世博会，认为中国举办世博会一定会为这一民族和这一国家走向世界做出独特的贡献。多少年来，他往返日本和中国两地，不断地介绍世博会的理念和做法，坚定了我们要办世博会的理念，成为我们学习世博会最重要的老师。这位先生在耄耋之年还做出一个惊人之举，在当时中日关系较为复杂的情况下，团结和联合数十家日本企业参加上海世博会，我们对此十分感动也心怀感恩。这样一位先生非常值得我们尊重，他的名字就是堺屋太一。后来中国政府决定要申办世博会，并在国内的城市遴选出上海。

2001年5月2日，中国驻法国大使吴建民同志代表中国政府向国际展览局提出申办世博会的正式请求。申博之路并非一片坦荡，就在国际展览局公约规定的6个月之内，还有5个国家与我们竞争，分别是韩国丽水、俄罗斯莫斯科、波兰佛罗萨瓦夫、墨西哥克雷塔罗和阿根廷布宜诺斯艾利斯。我国政府决定中国必须要有人常驻巴黎来申办这届世博会，我受此重任出任中国驻国际展览局代表，参与了申博、筹博和办博的全过程。

1. 世博会和石库门的关系

按照国际展览局公约的规定，国际展览局要对申办国家进行考察，6个国家代表共同参加，由于对考察顺序的选择方式无法达成共识，最后决定用最古老的方式“抓阄”来进行。我的运气很不错，拿到了1号。根据中央要求，我回国出任国际展览局考察团考察北京和上海的现场总指挥，在安排考察行程时，考察团提出一定要看看石库门并在石库门里开一次会。当时，国际展览局考察团来到新天地的1号馆。建筑是流淌的音乐、凝固的哲学，建筑是这块土地文化最集中的表现和反映，那一幢楼所代表的上海文化的兼容并蓄给他们留下了十分深刻的印象。石库门是上海精神兼容并蓄的集中体现，通过石库门让他们对上海有了新的认识。从这个意义上来说，石库门在上海成功申办世博会的历程中发挥了作用。

---

1 本文摘自作者在“2020纪念中国上海世博会举办十周年暨石库门城市更新论坛”上的演讲。

2. 上海世博会的最终选址

在2002年12月3日我国赢得世博会的举办权以后，世博会选址就成为最大的问题。最终的选址位于浦江两岸，浦江两岸有18 000户居民、274家工厂，我们的第一要务就是动迁居民和工厂，全部搬迁到浦江镇的世博家园。国际展览局的秘书长洛塞泰斯简直不敢相信：怎么能在如此短的时间内完成这样一次人员大迁徙？后来的发展大家都看到了，上海不仅在短时间内完成了这次人员大迁徙，还将黄浦江两岸建设成了城市发展的新动能空间。

世博家园完工后我陪洛塞泰斯秘书长参观，我对他说："你可以随意敲开任一居民的家门，听听他们的想法。"洛塞泰斯敲开的是一对从江西回沪的老夫妇家门，夫妇两人欢迎我们入座，他们的欣喜溢于言表，直言"我们从来没有想过会住进这样的房子，宽敞明亮、什么都有"。在回去的路上洛塞泰斯告诉我，中国这样举办世博会的奇迹没有别的国家可以超越，如有超越那就是中国下次办的世博会，这句话也震撼了我。

我们可以在世博园区内看到两组雕塑，一组叫弄堂生活，一组叫市井闲话，这些就是上海老百姓在石库门的生活和日常以及蕴涵的文化。石库门是上海的市井文化，是上海流淌的血脉，也是我们永续传承的记忆，什么叫作建筑有温度？温度就是血脉和记忆。

3. 上海世博会的开园

经过努力，上海世博会于2010年5月1日开园。在上海馆的筹备过程中，我们邀请新生代导演胡雪桦制作了一部8 min的电影，名字叫《永远的石库门》。石库门的市井文化在8 min里流淌，看完电影的每个人都会感受到石库门的美好、市民生活的和谐与鲜活。最终，上海馆就是以石库门命名的。石库门不仅是精神寄托，更是文化标杆、城市符号。石库门营造着上海的城市生态，更积蓄着上海的城市力量。

4. 一次徐徐展开的上海周活动

2010年的上海世博会，除了场馆的各类精彩活动外，还有国家馆日、国际组织日等一系列的主题活动。作为东道主的上海，选择在那年的10月8日，开启了世博会上海活动周活动的序幕。弄堂口的"四大金刚"，大白兔奶糖、永久自行车、上海牌手表……丰富的上海文化以一种循序渐进的折叠方式一层层地向世界展开。无论是世界了解上海，还是上海人了解上海，都绕不过"石库门"这三个字。因为这三个字不仅代表着传承，更是标杆与符号。我们应该考虑的不仅仅是石库门如何修缮、如何保护，更重要的是我们为什么需要石库门。由此，这一届世博会永远不会闭幕，十年后我们仍然在此以"石库门城市的更新"为主题。

事实上，继新天地成为首个石库门保护性开发成功案例之后，上海已经涌现田子坊等众多石库门城市更新项目，也有一批已完成征收尚待改造的石库门里弄，近年政府又开启了"微更新"改造。通过总结与分享积累的经验，有利于为后人留下宝贵财富，成为石库门史料的重要组成。石库门不仅是海派文化、江南文化的重要组成部分，更是红色文化的象征。越来越多的石库门里弄将被保留下来，成为上海"城市记忆"的标志，以及对世博"城市，让生活更美好"理念的深入诠释。

以人为本、科技创新、文化融合、合作共赢、面向未来，这既是世博精神，也是石库门精神，我们不是在怀旧中陶醉，而是在面向未来中畅想。

情牵石库门　留住城区记忆[1]

华　骏
上海市黄浦区档案局（馆）长

具有“中西合璧，江南元素”的石库门建筑是上海极具地方特色的传统民居，历来被认为是上海近代都市文明的象征之一，是老上海的地表性建筑和城市名片。随着城市快速更新，上海旧时弄堂的石库门建筑已变得越来越稀缺。黄浦区的石库门建筑体量非常大，有关部门做了大量的保留与保护工作。上海市黄浦区档案局（馆）始终关注石库门建筑的传承，将其作为打响上海文化品牌的高地，通过多种形式进行记录与保存。

1. 实施“城区记忆”工程

上海市黄浦区档案局（馆）通过摄影、摄像手段记录石库门建筑的变迁，请专业公司在拍摄有代表性的石库门建筑的基础上围绕城市更新、微更新改造等项目进行跟踪拍摄，全程记录、列入馆藏，实现城区记忆的永久保存（图1）。

图1　“城区记忆”工程拍摄记录的石库门建筑光盘

1　本文摘自作者在“2020纪念中国上海世博会举办十周年暨石库门城市更新论坛”上的演讲。

2. 开展石库门主题活动

近年来上海市黄浦区档案局（馆）与上海海派石库门创意发展有限公司进行合作，连续开展了具有档案特色的主题活动，形成了良好的社会效应。2015年黄浦区档案局（馆）组织举办“城市记忆——石库门风情微电影大赛”。微电影有情节、有故事，通过微电影的表现手段能够透过镜头挖掘记录石库门文化、叙述石库门里的人文生活故事。此次活动吸引了来自许多城市的电影学院的学生及有兴趣的社会各界人士参与。经专家评审，《情系石库门》《老码头》等佳作被黄浦区档案局（馆）收藏，并在2015年上海国际电影节庆祝夏梦荣获“华语电影终身成就奖”电影展映上进行了放映，扩大了社会影响力。

2017年，黄浦区档案局（馆）举办了“电影人眼中的石库门”摄影展，吸引了秦怡、邬君梅、杨坤等九位沪港老中青电影人。他们通过拍摄上海黄浦区八处典型的石库门建筑，从电影人的视角反映、传承与保护上海石库门历史建筑与海派文化，引起了社会对城市文化的关注。摄影展借庆祝香港回归20周年之机，在大上海时代广场万裕电影城2017年沪港文化月活动中举办，市区有关领导和香港驻上海经贸处的领导出席此次活动（图2）。秦怡等老一代表演艺术家也到场祝贺，秦怡女士亲手将摄影集磁盘交由黄浦区档案馆，活动取得了圆满成功。

图2　摄影展海报

3. 出版反映石库门的书籍

为了让社会公众更多地了解石库门建筑，近年来上海市黄浦区档案局（馆）出版了《上海·弄堂口》画册和《海派影像·黄浦记忆》摄影集（图3），向读者生动呈现石库门建筑。

图3　反映石库门的出版物——摄影集

黄浦区档案局（馆）始终保持对石库门文化的关注，与瑞金二路街道等合作建立了石库门史料口述工作室。同时，为了能够真实还原石库门建设的形态，还尽力收集了一些拆下来的门牌、瓦片、门窗、门头等代表物件，建成了石库门档案史料的展示中心，以继续大力传承和发扬石库门建筑。

艺术资源与城市形象[1]

王廷信
中国传媒大学艺术研究院常务副院长

1. 艺术资源的界定、分类及特征

艺术资源泛指在人类艺术史上已经发生和正在发生的具有典型性的艺术事象，主要包括艺术家、艺术作品、艺术研究成果、艺术事件及其相关遗迹。艺术资源是一种智性资源，代表了一个国家、一个民族、一个地区或一座城市的智慧力量。

艺术资源可以划分为有形资源和无形资源。有形资源包括名人、典籍、文物、古迹、机构等，其特点是显在性。无形资源包括制度、思想、技艺、风情、事件等，其特点是隐秘性。无形资源常常以有形资源为载体，呈现出看得见、摸得着的实有形态。无形资源的核心是"人"，以某一时代环境下的人的艺术智慧或技能来作为呈现形式。无形资源是有形资源的原因，有形资源是无形资源的结果。无形资源是在特定需求支配下，由人的智慧作为生产形式，以有形资源作为表征的文化形态。凡是有形资源，其背后都隐藏着人的智慧。无形资源在很多情况下没有看得见、摸得着的形态，以口传或文字的形式被记录。比如，巴金在上海待过，上海的巴金故居就是一个有形资源。

2. 城市形象

城市形象是人们基于对某座城市的地理位置、气候环境、历史地位、文化性格、经济活力、交通条件、社会影响等方面的认知所得出的整体印象。如人们把北京认作"帝都"、把上海认作"魔都"，认为"上有天堂、下有苏杭"，认为南京是"江南佳丽地，金陵帝王州"，这些印象都是人们综合上述因素所得出的形象化的概括。所以，城市形象是人们在一个城市物质文明和精神文明基础上对该城市性格的总体认知。

城市形象决定着该城市在人们心目中的地位和影响，是一个城市发展前景的重要决定因素之一，这是城市形象的价值：

（1）城市形象决定着人的聚集度。普通民众更愿意到北（京）、上（海）、广（州）、深（圳）这样的一线城市参观、旅游、生活和工作，因为这些城市给人的整体印象是可以生活得很好，可以找到好工作，可以见到美的景象。

（2）城市形象决定着资金的聚集度。中国14亿多人口，如果一定要把他们分成"精英"和"大众"，那么精英人口一定是领导世界往前走的那些人。这些人聚集在上海、北京等大城市，自然会把最重要的

1　本文摘自作者在"2020全球城市论坛"上的演讲。

资金带到这些城市。

（3）城市形象决定着创造力的聚集度。艺随人走，艺术是无形的，写出来作品、画出来的画、弹出来的曲子可能是看得见听得着的，但实际上它是无形资产，因为它是靠技艺支配的，怀着技艺的人走到哪里，艺术就可能诞生在哪里，就可以在哪里存在。很多艺术家是游走四方的，各地之所以愿意纪念艺术家在本地流传的故事是和艺术家留下的作品或发生的各种各样的艺术事件相关联的。

3. 艺术资源是城市形象建构的基础之一

影响城市形象的因素非常多，艺术资源只是考量城市形象的重要基础之一。另外艺术资源也应该是每一个城市特殊的文化资本，其特殊性主要体现在其以感性的形式表述着、记忆着一座城市的智慧与情怀。艺术资源对城市而言具有如下特殊价值：

（1）一座城市拥有的艺术家数量和类型的多寡意味着城市性格的宽度和厚度，如北京、上海、南京等地。每一个艺术家都是很独特的，艺术家之间表面上可能很相似，但是他们的艺术个性、生活风格都很不相同，艺术家之间互相的“成见”从古至今都是存在的。很难看见一个艺术家和另外一个艺术家“合作”得很好，因为每位艺术家所表现的个性化内容很多。但是一个城市如果能够拥有众多数量的艺术家和众多类型的艺术家，那么这个城市的宽度和厚度一定是足够的，这些宽度和厚度会让这个城市不以单一的标准看待问题，也会增加这个城市的活力。

（2）一座城市艺术的独特性意味着城市性格的独特性，如“瓷都”景德镇、“陶都”宜兴、“音乐之都”哈尔滨。譬如哈尔滨之所以被称作“音乐之都”，是因为哈尔滨从始至今积累了大量的音乐家、表演艺术家、作曲家、歌唱家和演奏家。直至今日，哈尔滨的音乐节都持续得非常好，也呈现着哈尔滨这座城市的艺术活力。

（3）一座城市艺术遗迹的多寡意味着城市发展的潜力。历史上一座城市到底留下多少艺术遗迹，如今的城市居民或外来人口能否看到这些艺术遗迹，这些都关乎着城市形象。例如，北京不仅拥有像故宫、圆明园、天坛、地坛、恭王府等艺术性较强的建筑遗迹，而且有鲁迅、茅盾、老舍、梅兰芳、齐白石等一大批优秀文学家、艺术家的故居。这些艺术遗迹都已成为北京形象的代表性符号，也正在为北京城市文化的发展贡献着各自的力量。

（4）一座城市艺术事件的多寡意味着城市结构的复杂度。比如，鲁迅是现代文学史上一位非常著名的作家，他在上海或北京与人争论或写作，就造成了一系列有趣的文学事件；又如张爱玲在上海发生了很多动人的故事，到今天人们还记忆犹新；再如扬州八怪在扬州创作了很多有价值的画作，这都是艺术事件。文学史、艺术史都对这些事件有明确记载，而这些事件之所以能在这些城市发生，与这些城市较为复杂的社会结构有较大关系。

（5）一座城市艺术机构的多寡意味着城市发展的活力。较小的城市艺术机构是单一的，基本上是文化局、文化馆、展览馆、博物馆、影剧院之类的常见机构。但较大的城市或者艺术资源较多的城市的艺术机构会非常之多，包括民间的、官方的，涉及的艺术门类也较为丰富，各种类型的艺术机构都渗透在城市中。从一个城市的艺术机构数量大致可以看出城市的活力。

4. 艺术资源的困境和机遇

实际上，艺术资源是存在很多困境的，主要在于：① 意识不到保护、利用和开发。② 没有财力保护、利用和开发。③ 止于保护，缺乏利用和开发。④ 缺乏保护，过度利用和开发。

如今，艺术资源的机遇也很多，主要在于：

（1）国家对文化建设的空前重视。真正让我们感觉到国家对文化建设空前重视的是十七届六中全会，此前党的历史上从来没有一次全会集全党之力来讨论文化问题，所以到了十八大以后，对文化的重视可以说远远超过我们的想象。政府出台的各种的文化政策意味未来城市艺术资源的进一步丰富，也意味着未来城市品质的提升。

（2）艺术人才培养的空前规模和多样化。中国现在有2 800多所大学，90%以上都有与艺术相关的专业。以前，艺术在大学教育中是一个非常小的专业，但是到了今天，艺术是全国最大的一个专业，没有任何一个专业的考生比艺术专业的考生多。高等院校已培养出大量的艺术人才，他们支撑着艺术的发展，也是重要的艺术资源。

（3）时代给艺术提供的技术条件的空前充裕。比如智能手机、互联网等技术的兴起提高了艺术普及程度。大量的艺术样式、艺术作品及艺术家都渗透到社交网络里，社交网络成为艺术创作和艺术传播非常关键的渠道。

（4）民众对艺术需求的不断增加。这和富裕程度是有关系的，随着国家越来越富强，人们对艺术的需求也愈发增长。

联合国教科文组织给中国的一些艺术创意城市赋予了称号（表1）。比如，北京、上海、深圳、武汉是四大设计之都，杭州、苏州、景德镇是手工艺与民间艺术之都，苏杭的命名可能跟苏绣、杭绣有比较大的关系，而景德镇由于其瓷器的声名远扬成为名副其实的手工艺与民间艺术之都。

表1　城市称号

城　市	称　　号	自　　称	大众印象
北　京	设计之都（联合国2012）	东方演艺之都	电影之都、戏剧之都、美术之都、音乐之都
上　海	设计之都（联合国2010）	亚洲演艺之都	电影之都、戏剧之都、美术之都、音乐之都
深　圳	设计之都（联合国2008）		
武　汉	设计之都（联合国2017）		
南　京	文学之都（联合国2017）		
杭　州	手工艺与民间艺术之都（联合国2012）	中国演艺之都	
苏　州	手工艺与民间艺术之都（联合国2014）		
哈尔滨	音乐之都（联合国2010）		
青　岛	电影之都（联合国2017）		
长　沙	媒体艺术之都（联合国2017）		
景德镇	手工艺与民间艺术之都（联合国2014）		瓷都

而大众对每个城市会有自己的印象，比如北京、上海都可以叫作电影之都、戏剧之都、美术之都、音乐之都等，因为其艺术资源集中得太多了。那么城市如何找准自己的定位呢？官方可能会有一个定位，

评价机构会有一个定位，大众会有一个定位。而从整体上来讲，要树立好、提升好城市形象，还是要盘活艺术资源，让这些资源真正成为城市发展的支柱。

5. 激活艺术资源、提升城市形象

激活艺术资源、提升城市形象，特别要重视共生理念，要意识到艺术与政治、经济、文化、科技、教育这5大支撑国民经济和社会发展最重要的领域之间的共生性关系。从前，可能感觉科技和艺术，或者经济和艺术是没有关系的，但是如今，文化产业已经在经济、科技领域创造了非常可观的产值，而文化产业当中有相当一部分是艺术产业。这种现象说明艺术与经济、科技之间可以产生“共生”关系。所以这种共生关系还要我们从理论上继续去探讨，在实践上还需要继续去摸索。此外，要创设优良的机制，包括政策机制、生产机制、评价机制、传播机制、教育机制。而就传播机制而言，20世纪20、30年代，很多北京、天津的京剧演员如果没有到过上海，他们在全国就不会有很大的影响力。为什么会这样呢?因为上海最早接触西方文化运转系统，它的传播机制非常好，媒体比北京多得多，报纸、剧院多，商人也很多，民间对艺术的需求很大，所以举凡现在我们感觉比较有名的京剧演员都到过上海，像梅兰芳在上海不止演出过一次。这实际上反映了传播机制对艺术形象的影响。另外也要高度重视人才，尊重人才，用好人才。同时，要注意资源关联，处理好抢救、保护、传承、发展之间的关系。最后，要注意城市艺术资源定位，要突出特色，避免雷同。

石库门的旧貌换新颜
——建业里保护改造[1]

朱劲松
上海衡复投资发展有限公司董事长

1. 项目概况

建业里地处上海市徐汇区衡山路—复兴路历史文化风貌区内（图1），位于建国西路以北、岳阳路以西。20世纪30年代，由法商中国建业地产公司投资建造，因开发商之名，故称建业里。清水红砖、马头风火墙、半圆拱券门洞形成其鲜明的建筑特色。

图1　建业里

1　本文摘自作者在"2020纪念中国上海世博会举办十周年暨石库门城市更新论坛"上的演讲。

建业里位于衡复风貌保护区核心区域，是后期石库门里弄的典型代表，是上海保存最完整的石库门里弄群落，同时也是上海市第二批优秀历史建筑（保护类别四类）。建业里是衡复历史文化风貌区内珍贵的海派文化历史遗存，承载着海派文化一段相对完整的历史片断。

建业里分东、中、西三弄，其中东弄、中弄建造于1930年，西弄建造于1938年，由前后20排两层砖木结构楼房组成，是上海现存最大的石库门里弄建筑群。

2. 修缮过程

过去的建业里虽然经历了不同程度的大修、中修，但大部分建筑出现结构性损坏，内部木结构部分开裂霉烂。同时，里弄由原来一幢一户，增为多户共住，长期处于超负荷使用状态。居民整体搬迁后，东弄、中弄已显严重破损，部分建筑只剩外墙（图2）。

图2　建业里旧况

2003年，根据市政府70号文，建业里被列入上海市首批启动的历史建筑保护整治试点项目之一。

在修缮之前，对项目进行考察和分析，发现项目存在一些历史问题：

第一，房屋超负荷使用。建业里设计居住户数仅为260个单元，而搬迁前实际居住达1 000余户，人口密度较设计数大大增加。

第二，房屋使用功能标准低。里弄内均为多户合用厨房、天井；房内无卫生设备，仍使用马桶；小区内地势低洼，逢雨积水严重。

第三，建筑破坏严重。由于建造年代久远，建业里建筑原始结构状况较差，存在普遍的老化、损坏现象。

为了能够更好地保护改造建业里，建设单位邀请了上海章明建筑设计事务所和意大利Kokaistudios事务所作为项目保护修缮顾问参与项目的保护修缮方案设计。

在修缮工程前期，工作人员以现状测绘为主要设计依据，同时结合从城建档案馆等搜集到的草图、图纸、照片等历史资料，充分研究历史元素，为修缮打下了基础。

在修复材料方面，方案保留一切可能使用或挽救的建筑材料及其他人造物品，包括未用到修复项目中的建筑片断、材料及建筑部分。

为确保修缮的建筑形成其美感连续性，砖块、屋顶的瓦片（图3）、木材等尽量选取原始建材或与原始建材自然构成、特征相似的替代材料。分类收集原有墙砖，所有缺失的装饰性细部或墙面的破损将尽量用同样的材料和技术修复成原貌。

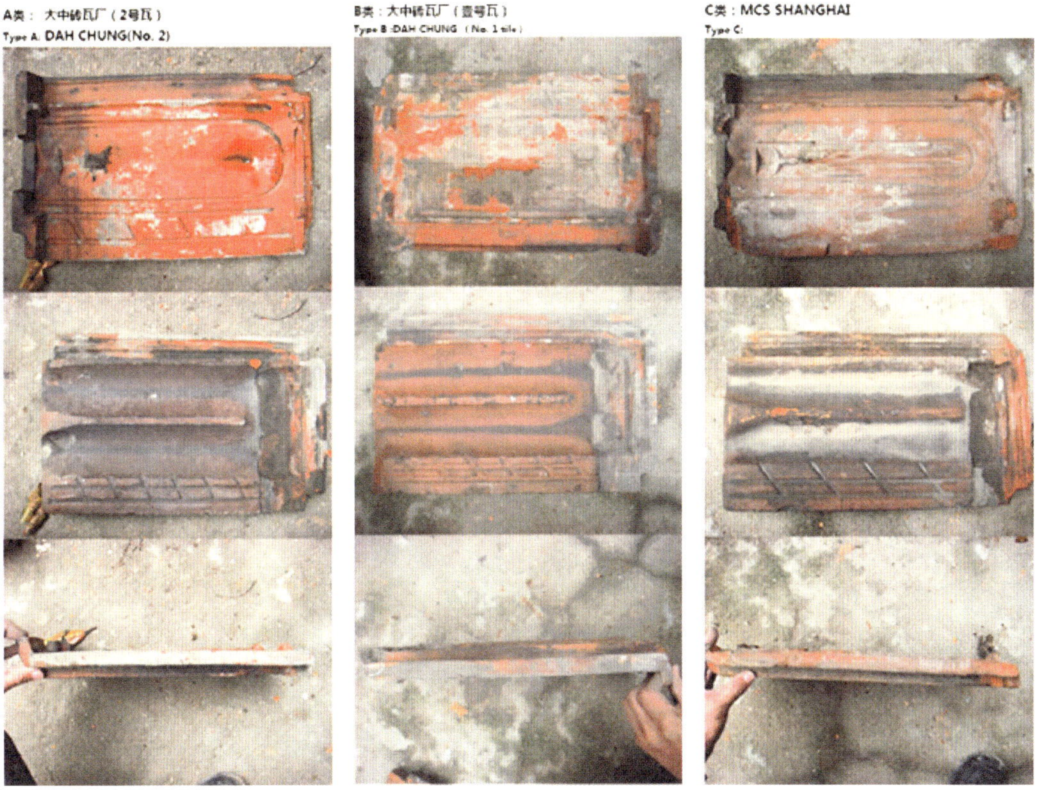

图3　现状屋面瓦分类收集

修复过程中注重原有建筑立面的保护和修复，最大限度还原基础、楼地面、楼梯、墙身、屋顶等原有独特的工艺，重新恢复建筑的时代特征。修复后的建业里传承了石库门文化精髓，保留了“马头山墙”“清水红砖”“半圆拱券门洞”等经典石库门元素，延续了上海里弄文化，凸显了海派文化体验，重现了旧时邻里生活的亲切感。

3. 建业里现状

经过更新优化，建业里的业态格局被调整，整体划分为酒店、服务式公寓和商业三大区域，功能依然以居住为主、商铺为辅，恢复了最初“外铺内里”的历史格局。

在人文传承方面，建业里保留了“马头山墙”“清水红砖”“半圆拱券门洞”等经典石库门元素，传承了石库门文化精髓。

作为上海成片历史建筑保护利用的标杆性项目，建业里集石库门文化体验、特色居住、精致餐饮、精品商业等多功能于一体。目前，建业里与国际知名的高端酒店管理集团嘉佩乐合作（图4），坚持“在使用中保护、在保护中传承”的理念，打造了建业里嘉佩乐酒店，重现上海里弄生活的场景，让每位来到建业里的住户及游客都能体验到纯正浓郁的石库门文化。

图4　建业里嘉佩乐酒店

针对外铺的沿街精品商业街，建业里项目改造尝试探索一条可持续发展的成片历史建筑保护利用的市场化模式，使其能展现自身的标志性特色并兼具历史保护与功能提升。

4. 经验与启发

在保护改造项目中，建业里坚持承袭原有“外铺内里”功能，完整保留建筑风貌和城市肌理，完善了街区功能，提升了周边居民的宜居程度和舒适感，更保留了一个城市、一代人的记忆。

建业里保护改造项目保留建筑风貌、提升环境品质、恢复街区活力，首次创造性地在石库门风格的建筑群内引入了“酒店+公寓”的业态，是上海历史里弄建筑群保护利用的一次积极探索。

建设有福之州　打造幸福之城[1]

福州市人民政府

近年来，福州市贯彻落实习近平总书记“人民城市人民建，人民城市为人民”的思想理念和重要要求，围绕“建设有福之州、打造幸福之城”，全面提升城市品质和社区治理水平——“功能更佳、环境更美、颜值更高”，不断增强人民群众的幸福感、获得感。这与2020年世界城市日活动的主题“提升社区和城市品质”非常契合（图1）。

图1　福州市貌

近年来，福州市在提升城市品质和社区治理水平方面主要做了以下七个方面工作。

一是扎实推进古厝保护提升。福州市作为全国第一批历史建筑保护利用试点城市，以总书记《〈福州古厝〉序》发表20周年和迎接第44届世界遗产大会在福州召开为契机，近年来投入320多亿元，启动建设了新店、冶山、昙石山3个历史遗址公园；保护修复了上下杭、朱紫坊、烟台山3个历史文化街区和

1　本文摘自作者在“2020年世界城市日中国主场（福州）”上的演讲。

历史风貌区；打造了17个特色历史文化街区；保护整治了261条传统老街巷；修缮了25处全国重点文物保护单位、1 100处历史建筑和风貌建筑。2019年7月福州市还举办了全国性的古厝论坛，与33个与会城市共同发布了古厝保护与文化传承《福州宣言》(图2)。

图2　福州古厝

二是系统开展水系治理。近年来，福州市主动对标国家生态环境保护的重要要求，以第二批全国海绵城市建设试点为契机，投入450多亿元，对全市150余条内河开展全流域、全系统综合水系治理。2018年11月福州市获评首批“全国黑臭水体治理示范城市”。在实施水环境综合治理过程中，全市拆除沿河旧屋区超过300万m^2，建成了近501 km绿道和379个串珠公园，形成了集风廊、水道、绿带为一体的市民休闲景观带，水清岸绿的内河两岸已成为市民群众最为喜爱的休憩场所(图3)。

图3　水系治理

三是持续推动连片旧屋区改造和老旧小区提升。福州市集中3年时间，累计改造了106片城中村、旧屋区，搬迁面积近2 500万m^2，极大地改善了人居环境，惠及6万多户居民。与此同时，实施415个老旧小区改造，解决了10多万户城市居民关注的停车难、环境差、排水不畅、物业管理不到位等问题。实现了让人民群众在城市生活得更方便、更舒心、更美好的目标追求。

四是全面推行生活垃圾分类。福州市作为全国46个生活垃圾分类试点城市之一，2019年5月起全面推行生活垃圾分类工作，由点及面迅速推开，首创的“三端四定”垃圾分类新模式被住房和城乡建设部充分肯定。2019年福州市生活垃圾分类工作考核排名从原先的全国第38名跃升至全国前10名，特别是2020年还实现了“垃圾零填埋”的目标。

五是开展交通治堵专项行动。近年来，福州市积极回应群众的关切，累计投入近千亿元，以建设城市快速通道、完善中心城区路网为重点，实施了三批共477个缓堵建设项目。同时，全面动建6条地铁线路，完善公共交通配套。全市已形成“两环”“十五条接二连三联络性通道”的路网骨架，城区道路总里程达2 551.34 km，城区路网密度由2015年的4.83 km/km^2提高到2020年的8.36 km/km^2，居全国前列，交通环境得到较大改善，极大地提升了市民出行的幸福感和获得感。

六是实施“全民动员，绿化福州”行动。以“绿进万家、绿满榕城”为目标，新种植乔木85万株，新建成林荫道342条，实施交通等候区和公交站遮荫工程173处，再现“绿荫满城、暑不张盖”的福州景象。2018年底建成区绿地率达42.24%，建成区绿化覆盖率达45.4%，人均公园绿地面积15.39 m^2，位居全国省会城市前列。

七是倾心打造市民公共休闲空间。福州市作为首个全国生态文明试验区的省会城市，近年来拿出数千亩黄金地块，大力建设休闲步道、生态公园、串珠公园等市民公共休闲空间，全市建成了17个大型生态公园，同步建成了市民家门口的串珠公园和街头小公园533个，真正让市民群众享受“推窗见绿、出门见园”的绿色生态福利（图4）。

图4　市民公共休闲空间

可以说现在的福州是一座人文荟萃、生态优美、宜居宜业的有福之州、幸福之城。获得2020年世界城市日中国主场活动承办资格后，福州市高度重视，市委市政府将此当成一件大事来抓，书记市长亲自谋划、亲自部署、亲自推动，有力有序开展各项筹备工作。

为精心筹备本次活动，福州市秉承“办好一场会，搞活一座城”，在住房和城乡建设部和福建省委、省政府的悉心指导下，福州市专门成立了活动筹办组委会，由市政府尤猛军市长担任组委会主任，市委、市政府6位分管领导牵头负责，下设综合协调组、线上直播与宣传组、活动策划组、会务保障组等9个专项工作小组，制定了包括会务保障、志愿者工作等一系列工作方案，各项筹备工作都紧锣密鼓、有序开展。通过主论坛、专题论坛、中国城市发展案例及优秀建筑作品展等系列活动，我们努力为全国兄弟城市搭建好一个相互学习、相互交流的平台，相信在住房和城乡建设部的指导下，福州市一定会为大家呈现一场内容丰富、形式多样、精彩纷呈的盛会。

福州市也将继续坚持以人民为中心，全面推动城市品质和社区治理再提升，在更高起点上加快建设有福之州、打造幸福之城，让城市建设更有“温度”，让老百姓更有获得感，真正契合世界城市日“城市，让生活更美好”这一永恒主题。

习近平总书记在福州工作时，曾深情地说“福州是有福之州，福州人是有福之人”。在此，诚挚邀请并期待世界各地的朋友相聚有福之州、幸福之城，一同感受福山、福水、福地，同做有福之人。

抓住“数字文旅”发展机遇，推动长三角文旅一体化[1]

冯学钢
华东师范大学工商管理学院院长

《长江三角洲区域一体化发展规划纲要》中明确提出长三角区域要促进文化和旅游融合，深化旅游合作，统筹利用旅游资源，推动旅游市场和服务一体化发展，共建世界知名旅游目的地。“一体化”“融合发展”“高质量”是国家对该区域发展寄予的厚望和要求。长三角文旅一体化发展至今成效显著，区域一体化文旅产品丰富，文旅市场发达，双向与多向互动活跃，创新政策不断出台，政策效应持续释放，但难题仍待攻克。一方面，一体化存在着议而不决、悬而不决的问题，包括一体化资源整合利用不足、共同项目相互掣肘、利益协调机制尚未达成一致等。另一方面，一体化始于协作机制对话，联盟数量多，但存在一些浅层次合作甚至是形式大于内容的合作。推动长三角文旅一体化，必须强化创新策源动力，挖掘市场潜力，释放数字化对产业的放大、叠加、倍增作用，须着力于以下四个方面。

1. 科技赋能，推动文旅资源数字化活化

长三角文旅资源富集，开发潜力大，但从资源开发开放现状来看，活化力度有限，创意点睛、市场运作方面未显示出独特优势，未推出具有震撼力的一体化文旅产品。

科技赋能，推动文旅资源数字化活化，一要强化技术支撑，加大共性关键技术研发。现在经常提到“没有文化的旅游是没有灵魂的旅游”，首先必须将文化资源更好地利用和组织起来。科技企业在推进文旅一体化方面恰恰可以发挥“穿针引线”的功能，在思想理念、方法手段、智慧应用等方面发挥独特优势。科技企业应加强产品生产技术、服务技术和管理技术的运用，打造在线文旅虚拟体验空间，尤其是针对与数字化融合共生的Z世代群体，他们依赖技术，对虚拟体验具有极高接受度，新商业模式也势必随之形成。

二要开放授权和创新转化。长期以来，博物馆、剧院等文化企事业单位的市场逻辑与消费者之间确实出现了不同程度的偏差，导致许多文化活动策划思路和青少年群体市场需求存在较大错位，优秀文化资源没有充分利用，公共文化设施闲置空间有待激活。盘活资源，实现文化资源良性发展，亟须解决文物资源授权制度瓶颈，革新文化资源产业化发展运行机制、模式，先行先试，探索打造面向长三角的一体化博物馆联盟文创平台，通过文创资源IP授权、联名开发等方式，设计推广具有长三角一体化特色的系列文创产品。

---

1 本文摘自作者在“2020全球城市论坛”上的演讲。

2. 业态创新，促进在线新文旅蓬勃发展

在线文旅经历了信息展示、网络预订、网络营销到直播营销、全线上虚拟体验的创新飞跃。从文旅直播发展来看，依托直播技术，“文旅+直播电商”模式涌现，成为全行业布局的创新型业务，线上OTA、线下文化场馆、旅游景区、行业门店等齐发力，积累线上资产，“文旅直播经济生态圈”得以形成。应对新冠肺炎疫情长期持续的影响，有条件的文旅市场主体应加大开拓直播电商销售渠道，与直播平台跨界合作、搭建自有直播平台、创办文旅MCN机构、孵化文旅直播带货达人等，特别是长三角区域文旅企业可以加大联动营销力度，携手推广区域旅游产品。

另一方面，虚拟现实技术在文旅场景得以广泛运用。从消费形式来看，借助门户网站、移动客户端、微信小程序等技术，国内“云游”成为常态化活动，但多为公共文化服务项目。国外主要是付费直播的虚拟旅行体验模式，有丰富的云旅游消费产品，目的地的文化、艺术、烹饪、运动等活动都可以采取虚拟到达的方式给用户以真实的体验，消费者与线上导游、讲师互相对话，还打造了众多独立的线下门店体验项目，如航空公司推出了VR航空旅行服务，使旅客不用离开本土就能乘坐虚拟航班前往古罗马竞技场、纽约时代广场、新西兰峡湾国家公园等全球知名旅游景点，这类商业模式值得探索更多的可能性。

3. 内容引领，激发文旅新平台巨大潜能

近几年来，上海深耕文旅领域的互联网平台企业“新方阵”崛起，其中BiliBili月活用户1.3亿，是国内最大的年轻人文化社区，打造了BiliBili yoo社区旅游品牌；小红书打造文旅“种草”原生内容，成为新的出游决策平台；喜马拉雅全国布局“有声城市”“建筑可阅读”项目，用科技手段助力文旅新场景打造；WebTVAsia葡萄子是YouTube亚洲第一家官方认证MCN合作伙伴，大众熟知的中国文化内容出海创作者排名第一人李子柒，其海外YouTube频道便是由WebTVAsia葡萄子运营的。

长三角三省一市地脉相连、文脉相亲、水脉相济、史脉同源（属于广义上的江南），具有“最东方、最江南、最诗意”的文化共性，破解现有区域一体化国际旅游形象不鲜明、不突出的问题，应发挥区域内文化内容出海运营平台的力量，创新数字文旅内容海外市场运营的商业模式，破解跨文化语境下的文化隔膜。以PGC（专家生产内容）+UGC（用户生产内容）双轮驱动，长三角地区文博机构、旅游景区等可以与平台型互联网企业共同策划生产传播长三角“江南”“红色”文旅数字内容，提升线上数字内容吸引要素；联合扩展“会员模式”“流量转化模式”“体验付费模式”等模式。同时，用好长三角地区网生内容海外运营平台企业，发力助推内容出海，提振长三角数字文旅内容全球力量，树立长三角世界著名旅游目的地国际形象。

4. 加强共建长三角文旅技术创新共同体

科技企业既能以科技手段助力传统文化传承创新的生生不息，还能无缝对接青少年群体消费偏好。文旅和科技深度融合，不但要求科技公司与文旅机构、从业者合作，实现技术手段和文旅资源的充分对接，还要共同进行技术场景的概念打造、内容制作等。上海正成为具有全球影响力的科技创新中心，汇集了大批人工智能、大数据、虚拟现实等高新技术人才，拥有冠勇科技、叠境数字、亮风台、魔珐科技、视辰科技等为文旅行业提供新技术应用解决方案的优势企业，具备文旅产业和新技术齐头并进、助力长

三角文旅融合一体化发展的先发优势。

发挥科技企业之力盘活长三角同源文化旅游资源，应加强共建文旅技术创新共同体，探索成立长三角文旅技术创新合作中心，其主要作用就是促进长三角文旅科技创新成果全要素对接转化和协同创新，促进大小型科技公司与文旅机构建立合作伙伴关系。英国在2017年便成立了数字技能合作委员会，其董事会成员包括政府部门（数字化、文化、媒体和体育部，英国创新局）、著名科技企业（亚马逊、BBC、谷歌、微软）、著名高等院校（牛津互联网研究所）等。

第五章

Chapter 05

绿色发展与宜居城市创建

东亚地区空间规划和可持续发展[1]

沈振江
日本金泽大学环境设计学院教授、日本工程院院士

空间规划与可持续发展国际学会曾出版一本书《空间规划与可持续发展》，内容与此次论坛的主题"宜居城市"比较接近，也是我想和大家交流的内容——东亚地区空间规划与可持续发展。

从空间规划的角度来讲，可持续化的城市形态主要有四种流派：新传统发展流派、城市控制流派、紧凑型城市流派及生态城市流派。那么从可持续发展形态的角度来讲，其实我们有一些很重要的评价指标，分别是紧凑度、交通可持续度、密度、土地利用的混合度、多样性、节能性、环保性。

城市形态是城市中各种相关利益团体相互作用的结果，其中起重要作用的是公共部门和私人部门。私人部门有两面性，一方面，他们希望以低成本获得土地导致城市扩张，另一方面，他们希望集聚来获得更高的利润、运营更加高效。公共部门的主要作用是提供公共服务，与私人部门相比，相对期待节约财政以达到建设高效，他们与私人部门有着不同的考虑。城市形态可以说是公共财政与私营投资力量之间互动的结果。

公共政策是可以控制城市发展形态的非常重要的空间规划工具。《空间规划与可持续发展》这本书也是讲如何利用空间规划的政策手段来控制城市发展的形态，书中还包含东亚地区如中国、日本及韩国的空间规划和可持续发展研究的实际案例，可作参考。

东亚地区中相对发达的国家，像日本和韩国，他们走过了城市增长时期，现在处于城市衰退时期，面临着人口减少、中心区衰退、城市机能再生的问题。而对处于城市增长时期的中国、泰国、越南等发展中国家来说，要处理好投资特别是土地投资问题，要处理好城市内就业、居住和交通问题；同时在城市开发的过程中，为了实现可持续发展的目标，在达到经济目标的基础上，要寻求人类社会的公平发展需求和生态需求之间的平衡。

这本书实际上分成了两个部分来讲空间规划与可持续发展（图1），每个部分都有发达国家和发展中国家的一些经验，我们可以来共享一下。

第一部分是城市化与可持续发展社会。

在城市化的过程中，城市发展的一个重要目标是形成可持续化发展社会。城市化和可持续发展社会实际上很重要的是处理好社会、生态、农业之间的相互关系。从开发压力的角度来看，怎么处理土地利用的规划与实施很重要。在城市发展的压力下，也要考虑对周边土地的利用产生的矛盾。加强绿色城市的规划，要尽量减少对农地、生态的占用和对生态系统的破坏。在这个过程中，公共政策能够起到很好的作用。经历了开发阶段面临衰退的日本、韩国，城市要增加中心性、增加中心区人口回流、解决老年社会问题以及在中心区进行城市更新（图2）。城市更新在中国更注重住宅问题，但是在日本更注重城市

1 本文摘自作者在"2020全球城市论坛"上的演讲。

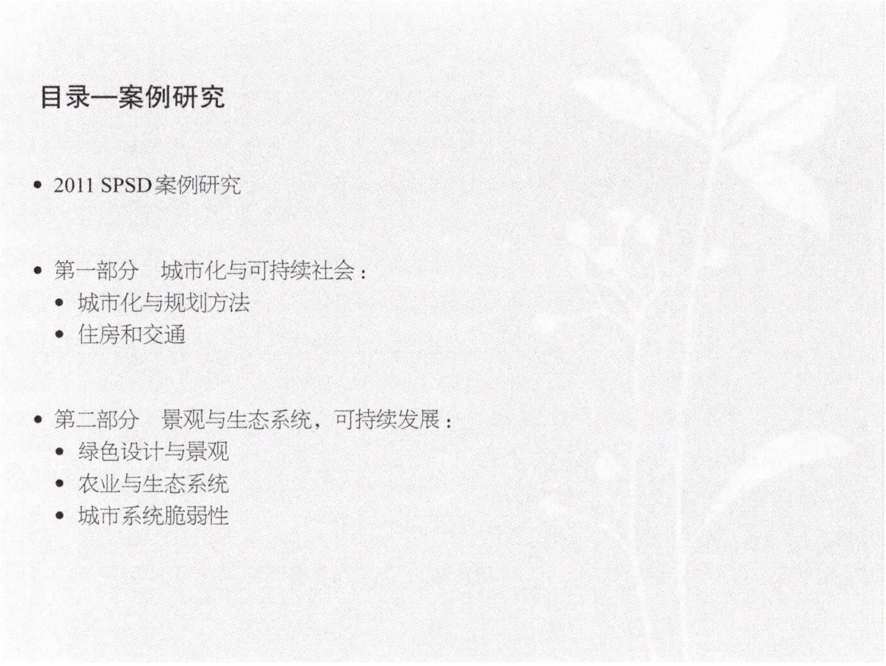

图1 《空间规划与可持续发展》目录

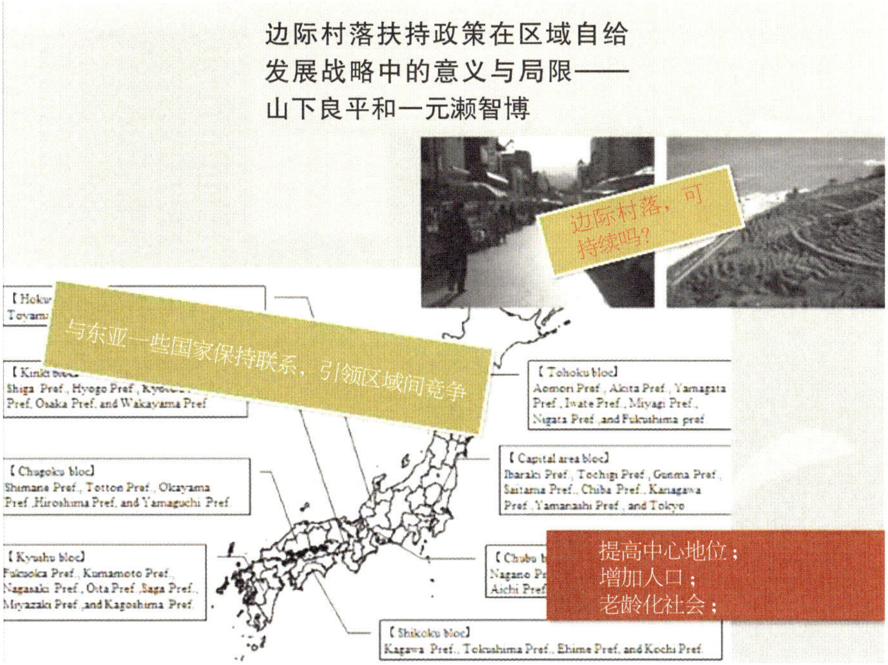

图2　城市要增加中心性

功能的更新以及企业的进出。所以中国讲的城市更新和日本所讲的是有所不同的。其实，这个在公共政策上要做很多努力。

韩国科学院的一个老师提了建议：东亚地区要合起来考虑发展问题，因此共享空间数据库是很重要的。这点上可以看到欧洲做得非常好。另一个案例是韩国交通研究院做的案例分析。发达国家的地方城市面临衰退的问题，特别是郊区再开发的过程中，因为私营企业追求利润，选择一些比较便宜的土地，城市形态扩张后，中心区的功能受到很大的影响。除了中心区问题之外，日本国土交通省的研究说明出现了边缘乡村濒临消亡的问题。也就是说在日本、韩国这种相对而言比较发达的国家，地方城市在衰退的同时，首都圈、大城市圈过于集中，而在边缘地区，农村在消亡。另外，从首都圈开始，从东京到直辖市、广岛，再到中等城市，再到农村，都有老龄化的问题。中国讲的15分钟生活圈，类似日本讲的老年人的生活圈，从广域到比较微观的生活圈的协调有很多课题。另外，随着经济产业的发展，城市的功能更新也是非常重要的课题。现在，智慧城市建设在日本有很多样板城市。政府通过各种各样的方式投入财政支持，如环境共生、智慧能源等项目，这也是日本城市更新主要的一个做法（图3）。

图3　地方政府参与智慧城市建设

刚才讲的是发达国家遇到的城市中心区衰退、边缘农村消亡的问题。在发达国家，通过公共政策来处理形成可持续发展的经济社会与城市形态是非常重要的。

下面是一些开发压力大的国家的案例。

一个案例是中科院地理所做的北京的住宅需要和职住结构的分析，这在推进公共租赁住房、福利住宅的开发时非常重要。另外一个案例是泰国。泰国和中国北京的开发过程很像，私营企业追求利润，在一些觉得有利润的地方进行住宅开发，几十年开发后，住宅和工作的地点之间距离非常远，规划不合理。特别是曼谷大都市圈，整个交通问题非常严重。中国的一些省会城市如北京，交通问题也同样非常严峻。在发达国家相对比较发达的地区，人口减少缓解了交通压力，同时也通过公共交通解决了职住交通的问题。也可以从一些别的角度来看土地和交通的关系与发展。比如，中国台湾地区促进了全岛自行车环路的建设，这个想法在解决了职住问题的同时，又考虑了娱乐性、健康性，也对可持续发展，尤其是碳排放非常有益。

清华大学做了一个研究是北京通过改善交通来缓解职住关系、减少交通量、减少碳排放。这个研究实际上是一种模拟型的政策研究。另外，类似台湾做的一些休闲性、娱乐性的自行车交通网络，日本也在考虑怎么改善步行环境，希望以此减少交通压力，如通过个人交通工具来促进步行便利性，丰田城市交通研究所对此做了相关研究（图4）。步行可达性这个研究在发达国家是一个很热门的课题，而国内的一些城市建设做得比较好的地方如上海、厦门也很重视步行可达性，厦门大学对厦门市的步行可达性也做了相应的研究。

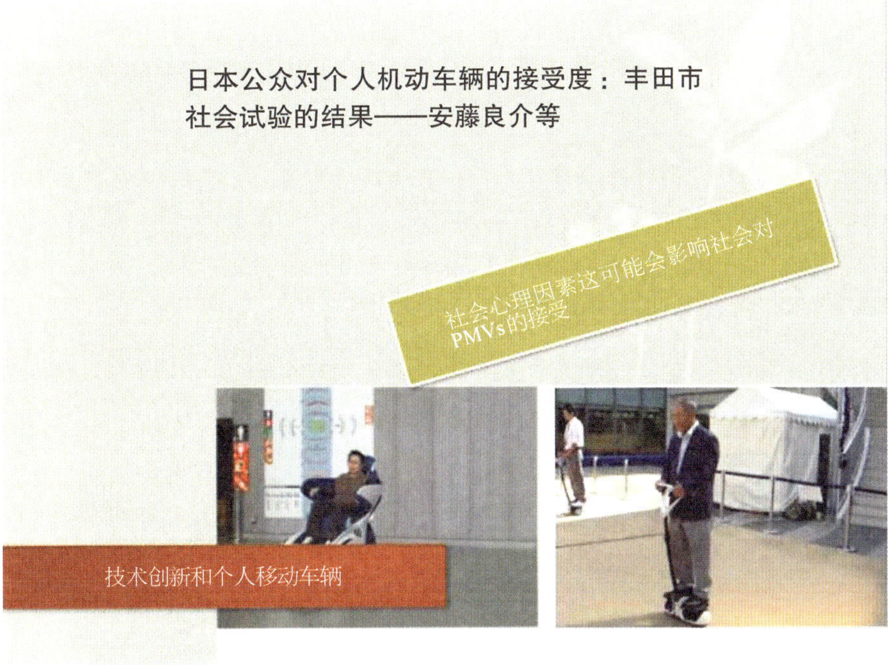

图4　低碳交通

总之，在城市化的过程有城市增长和城市衰退，在这个过程中，发达国家面临的问题和发展中国家遇到的问题是不一样的。在亚洲地区有城市增长的压力，同时也在面临着中心衰退的问题，不同的国家在做着不同的努力。

第二部分讲的是另外一个重要问题：社会经济发展中城市化与农林用地和生态用地的平衡。

在发达国家，不同的地区都在做着不同的努力。为了减少碳排放，日本建筑研究所通过在建筑本身加一点绿化以改善人居住的生态环境（图5）。日本建筑研究所研究城市怎么有效吸收雨水，不要把雨水过多排放到河道，减少对河道压力以减少洪水灾害，这对城市的脆弱性、恢复力的提高有帮助。中国北京师范大学的团队对城市生态进行分析并开发了生态管理系统，相关探索日本之前也有做过。日本是个狭长的山型国家，所以它的水源地在山顶，水源地要保护，中游做旅游，到了下游大多与城市地区结合在一起。因此，防洪灾也成一个重要问题。在日本，森林和水在生态上都是非常重要的。中国台湾地区台中城市圈在提倡生态网络合作，从区域的角度来研究台中及其周围的几个城市怎么形成绿色网络（图6）。日本类似的研究部门叫作日本绿地机构，他们有区域、城市、社区级别的生态网络建设标准。

其实，城市发展跟农业用地保护也有着很尖锐的矛盾。北京周围有一些农村，把原有的不能挣钱的农作物换成了一些能做产油原材料的作物，可见城市发展对农业的压力很大，改变了农作物的生产。北

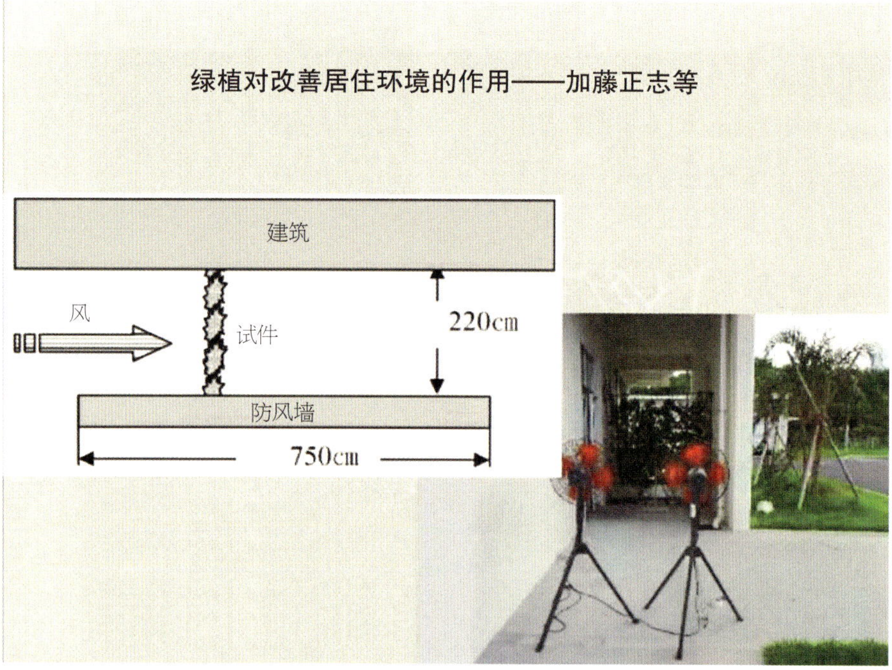

图5　给建筑增加“绿色”

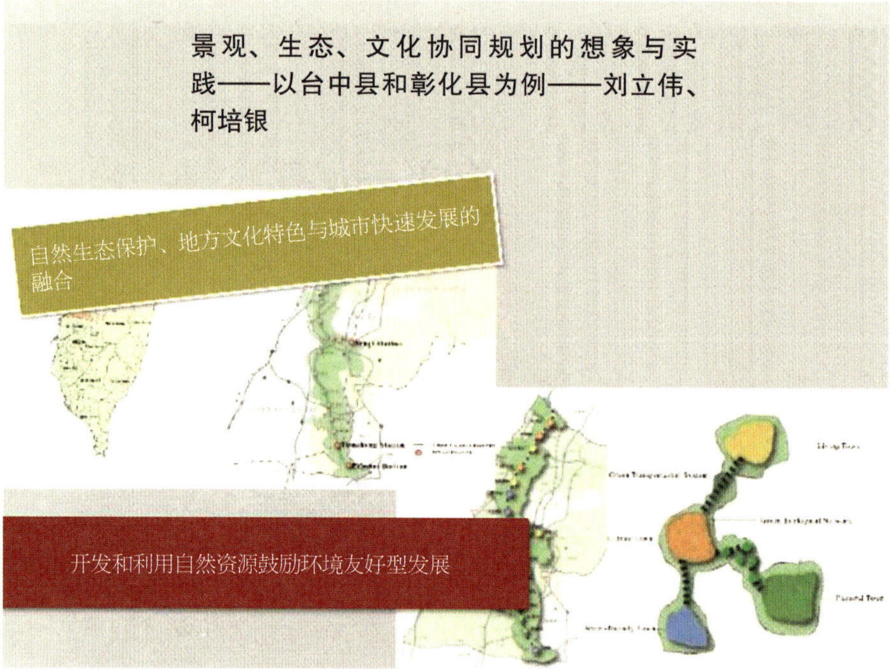

图6　台中城市圈的生态网络合作

京还有一个研究，提倡在城市中发展景观农业。当时，北京城市污染比较严重，为了减少城市内碳排放，提出了景观农业的建议。另外，清华大学做的一个研究介绍了如何在陕西地区发展新农村建设，建一些符合当地生态的住宅。其实，发达国家对私人的农地管理和森林管理也比较混乱。因为它是私有制，一些地区也有老龄化现象，难以分辨到底是谁拥有这片森林，难以明确谁在管理，有的森林管理也因为老龄化而荒废了。韩国通过遥感数据分析森林对吸收碳排放的效果，发现在管理上同样也有很大的问题。

最后一个内容实际上也和这次论坛相关，即城市脆弱性的问题。不管是发达国家还是发展中国家，实际上都面临着洪水、地震等灾害的威胁。如果城市基础设施建得更好，城市防灾的内部问题就能得到解决。防灾减灾的社会合作，发达国家相对来说做的工作会多一些。在日本，这种社区社会合作很多，通过社区合作，生存下来的人进行城市再建。日本纬度偏北的地方极易有雪灾，加上高龄化的问题，很多老龄化地区的老人没有办法自己铲雪，到了冬季死亡率就会增加，因而社会合作互助很重要。

如何通过公共政策的努力来达成可持续发展的城市形态？如何在经济发展压力下形成可持续发展的社会？如何从生态、农业用地的平衡来考察可持续发展城市形态？围绕这些问题，我们回顾了东亚地区空间规划面临的城市增长和城市衰退的案例，而不同区域有不同的发展历程、不同的政策和不同的做法。

地面气候、地热、传输和地下空间利用[1]

雷蒙德·斯特林
美国路易斯安那理工大学名誉教授，原ACUUS主席、会士

关于地球的热环境，大部分人只有粗略的了解，知道它有一个熔融状的地核，同时由于板块效应、构造效应及其不均匀流动，岩浆会渗透到地球表面。但是大部分情况下，地球表面是受到太阳辐射等因素影响从而产生温度变化的（图1）。

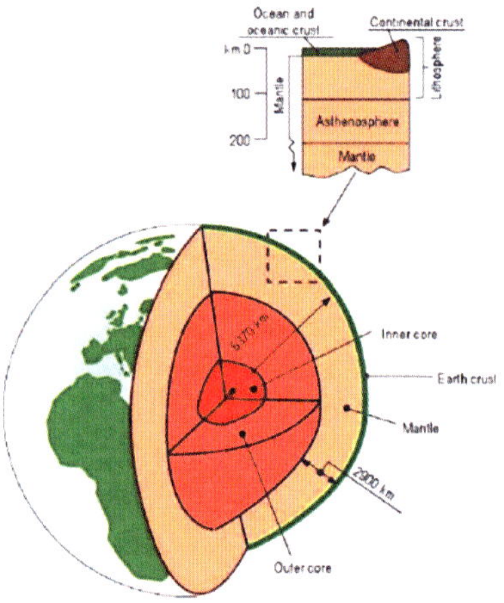

图1　地球热环境

关于地表温度，以美国城市明尼阿波利斯为例，它处于北美大陆中心，地表温度从−35 °F到35 °F，波动比较大。在其地下3 ～ 3.5 m，温度波动从70 °F到10 °F；如果在更深的地方，在地下8 ～ 10 m处，只有1 °F的差别（图2）。而纽约近地表温度变化的波动值为18℃，在其地下0.2 m处，地表温度的波动基本没有什么变化，可以忽略不计（图3）。

全球空气温度的平均值主要受到五种因素的影响：① 地热活动，比如地核地热活动。② 太阳遮蔽，受到纬度、山脉的影响，在纬度较高、山脉较多的地方，太阳光直射不是特别多。③ 地表植被，可以起到遮阳的作用，吸收太阳能、释放夜空辐射，还有蒸腾、抑制对流的作用。④ 冬天的积雪，可以起隔热的作用。⑤ 来自地核的传导，但是通常非常小。

在各个国家都有类似美国的地表的温度变化，美国最南端气温超过22℃，最北部的气温低于3℃。未来要更好地估测近地表的情况，需要同时知道气温的变化幅度。在加拿大区域，多年来气温的变化幅度为18℃左右；而在佛罗里达南部地区，受海洋的影响，气温变化大概是−40℃。冬天到夏天气温的变化通常

1　本文摘自作者在“2020全球城市地下空间开发利用上海峰会”上的演讲。

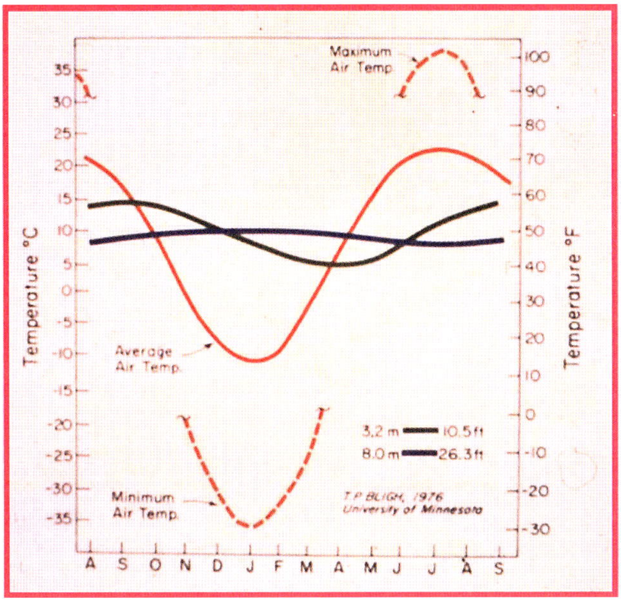

图2　明尼阿波利斯地表温度波动

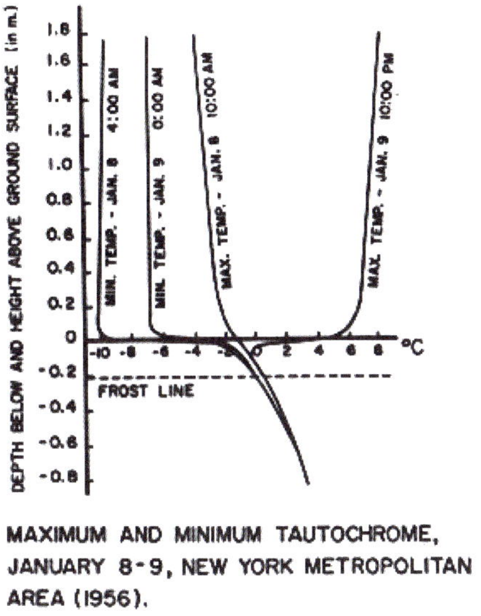

图3　纽约近地表温度变化

只在地表顶部8～10 m，有冬季覆雪的地区，地表温度稍微缓和一些，而且在冬天的时候会相对暖和一些，一些地方随着地下深度越深温度变化越小。因此，冻土层只延伸到地下的一定深度，利用浅层地表平均温度加上地表温度幅值和相位滞后的正弦波可以近似估算出一年中不同时间不同深度的浅层地表温度。

应用这些地表或地下的热传输，从节能角度来说，可以使我们实现较小的低能耗空间、更好的热能存储、更好的地下热交换以及地下热力。同样也可以用来冷却地下电缆，包括解决严寒地区的双冻问题。

各个国家和地区的人们也都利用这些特点实现了更高的舒适度，比如中国北方的窑洞、突尼斯的地下住宅、法国卢瓦尔河谷的矿山中建设的石堡（图4）。一些存储食物的传统做法也利用了这些特点，比如中国唐朝的储物方式——十几个世纪以前在洛阳城建立的装置，通过填埋的方式来存储土豆；在重庆岩洞，人们将食物在低温状态下保存在地下；而奥斯陆在2019年建立了在地下存储冰激凌的存储箱。

在日本还有一个比较典型的例子——Ohya石洞，它既是博物馆，也被用来储存食物，有时还举行一些特别的活动，包括时装表演。这个场馆存在了好几十年，尤其是在冬季的时候能够保温，夏天却比平常更凉快一些。它本身是矿井。

另外关于矿井再利用的例子还有美国的堪萨斯城，矿井通常是30 m深，地面温度16℃左右，温度非常稳定。同时还有土耳其的卡帕多西亚，也用矿井进行食品储存。

下面谈谈地表温度估算在建筑设计中的应用。与暴露在外的墙壁和屋顶相比，建筑与地面接触的表面以不同的方式影响着建筑内部的热湿状况。常用的表格是用来衡量如何用节能的方式在建筑物中给人们创造舒适宜居的环境。7级是其临界点，这样的温度比较适宜人类生活。有的地方太潮湿，有的地方比较干燥，我们要进行适当的调节，包括一些节省能源的战略，比如提供一些太阳能，提供供热、通风以及冷却，包括日间和夜间，还有年气温变化的平衡和调节等。在比较炎热的地方使用地表资源时尤其要注意，由于处于炎热潮湿的环境中，湿热的空气进入与地面接触的空间会冷却，但会保留水分，从而提高相对湿度。在比较潮湿的环境中会比较容易长霉，但在冷却状况下可以把霉菌除掉，因而在机械系统设计中必须非常小心，这样才能达成比较好的平衡，在冷却的同时把湿气去掉。在地下必须有很好的保温功能，在没有保温的情况下，加上风刮得非常大，会导致温度下降非常快，如果有深度保温功能，整

中国北方窑洞　　突尼斯马特马他村庄住宅　　法国卢瓦尔河谷石堡

图4　传统地下住宅

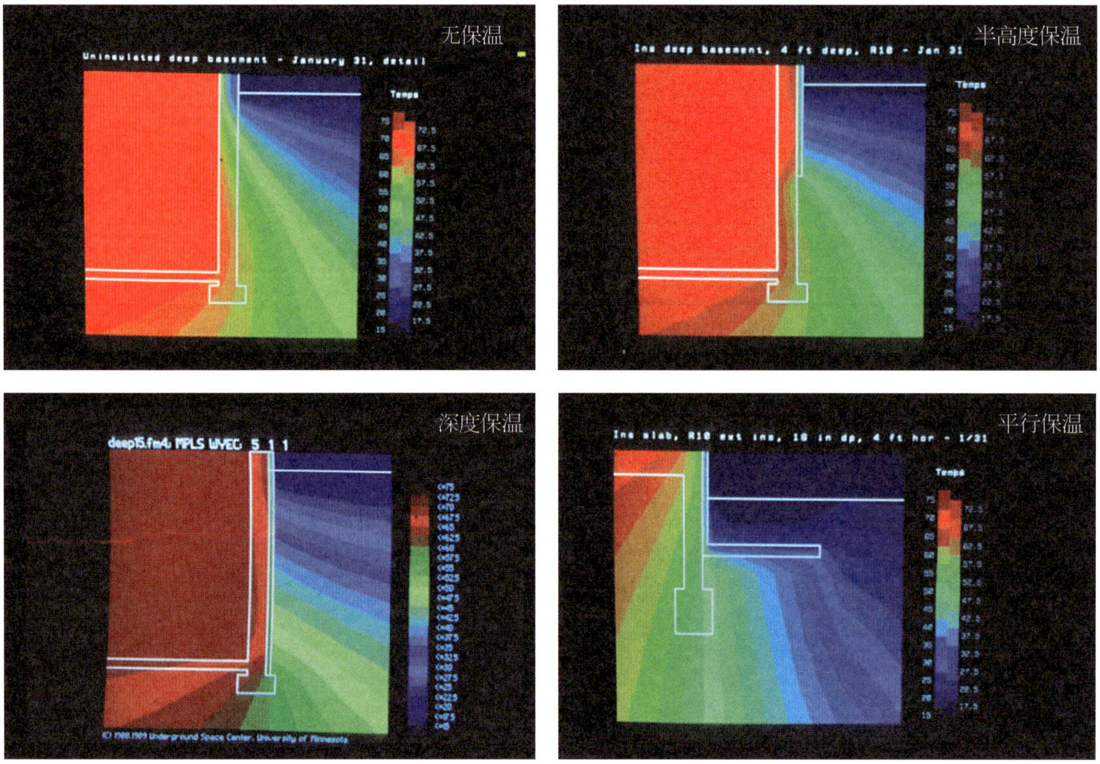

图5　保温对地下换热的影响

个温度会出现上升。半高度的保温以及在平行保温状态下，与深度保温的效果有所不同（图5）。

比较热的地下或者比较冷的地下会有非常复杂的体系或系统，比如有地表水、地下水。地下水可能因为温度导致蒸发，因而需要对比较冷的地下空间进行保温设计。在地表有风对流、水汽蒸发和水汽传输等。

地表气候为能源生产和节能提供了巨大的潜力，而且可以使人们了解非常复杂的地下传热体系，虽然它很难进行精确的建模，但是可以通过基本的气候数据去合理预测特定的位置。

最后在设计方面，在建造大面积接近地表的建筑物时可以通过有效的隔热措施和机械措施去控制温度、湿度、水汽凝结的问题。土地就在这里，它可以为人类所用，当然利用土地的过程中会遇到一系列的问题，而我们必须在设计的过程中解决这些问题。

城市空间形态与城市宜居性：集聚不经济的视角[1]

孙斌栋
华东师范大学中国行政区划研究中心主任

1. 研究问题

大家都熟悉的集聚经济的概念，最早是由冯·杜能在分析“孤立国”单中心城市类型中时提出。马歇尔在其基础上详细阐述了集聚经济给城市带来的外部效应，包括劳动力市场池效应、靠近供货商和顾客以及人力资本积累引发的知识外溢。新经济地理学派将集聚经济的研究推向高峰，其中克鲁格曼和藤田等人认为集聚有利于规模报酬递增。目前学界公认集聚经济可以带来共享、匹配和学习三个有利方面。相关实证研究主要是用城市的规模或密度两个指标来检验集聚经济的效果。在政策讨论中，主张大城市优先发展的一般把集聚经济作为依据。相对应地是集聚不经济，通常指交通拥挤、地价高企、空气污染、社会冲突等。集聚不经济在城市发展实践中一般体现为郊区化现象，与之相关的多中心城市空间结构和都市圈、多中心城市区域等。相较于集聚经济，集聚不经济的研究非常少，尤其是非经济领域的集聚不经济的研究更少。

以北美为代表的西方发达国家积极倡导紧凑的城市空间形态，即集聚的城市形态，他们认为紧凑的城市空间形态能够带来健康的生活方式，并且这一观点直接影响了世界卫生组织对健康的导则制定。该观点提出，紧凑的城市空间形态更宜居的作用机制是紧凑的空间促进了非机动化的出行、改善了空气质量、加深了社会交往、提高了健康水平以及增加了幸福感（图1）。新城市主义代表Peter Calthorpe等人认

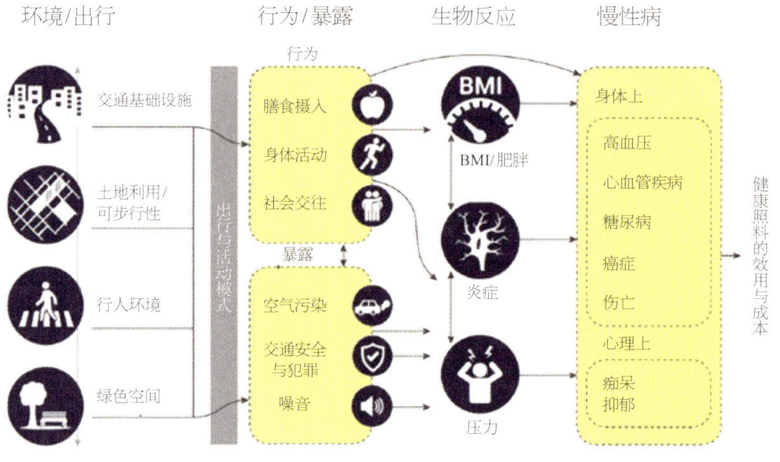

图1　紧凑提高宜居性的作用机制

1　本文摘自作者在“2020全球城市论坛”上的演讲。

为紧凑的低碳城市观念适合包括中国城市在内全球的城市发展。

但其实，中西方国情有很大差异。与北美为代表的西方发达国家城市相比，中国城市普遍是紧凑和高密度的，基于北美经验得出的导则是否适用于中国是令人怀疑的。中国城市再强调紧凑会让城市更宜居吗？会同样带来出行降低、空气质量改善、社会资本促进、人们更健康更幸福吗？我们有理由认为，过度集聚可能会给中国的城市带来交通拥挤、空气污染、社交减少及肥胖等集聚不经济的严重问题，因而对中国城市集聚不经济的研究十分必要且意义重大。

2. 研究假说

根据我们实践感知，当城市过度紧凑时，大城市交通拥挤会加剧，空气污染愈加严重，公共活动空间减少，相互交往减少，带来不健康和心理压力等集聚不经济的现象。所以，我们预期，在中国城市中过度紧凑或过高密度会不利于宜居环境的打造（图2）。

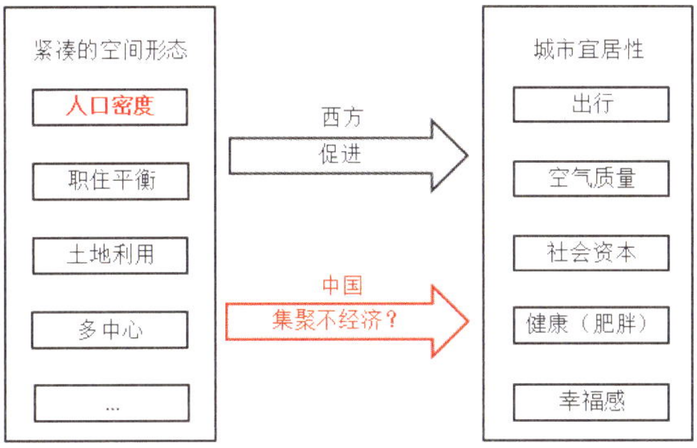

图2　紧凑的空间形态对中国城市宜居性的影响

3. 实证结果

我们通过紧凑的空间形态对出行、空气质量、社会资本、健康以及幸福感等五个方面的影响来探讨西方所使用的紧凑型空间形态是否适用于中国。

（1）紧凑的空间形态对出行的影响。我们采用2014年中国劳动力动态调查的数据（包含3 448个城市居民），利用多层次回归模型控制住社区和城市层级变量，发现在控制个人经济特征变量后，城市人口规模、城市人口密度、社区人口密度都与通勤时间呈现显著的正相关关系，说明紧凑的城市空间形态增加了居民的通勤时间。具体来说，城市面积的扩张，增加了居民出行距离与时间；人口密度增加，通勤和其他目的出行需求加大，并且通勤高峰期时更可能造成拥堵。我们对上海的研究进一步表明人口密度的提高会带来通勤时间的增加。基于长三角地区社会变迁调查项目的数据（包括上海市1 605个城市居民），利用多层次模型控制街道层级变量，发现街道人口密度与通勤时间呈显著的正相关关系。街道人口密度越高，具有通勤需求和其他目的的出行需求的人口基数大，通勤高峰期时更可能造成拥堵，延长通勤时耗。

（2）紧凑空间形态对空气质量的影响。我们以上海市为例，采用空间滞后模型，在控制了经济发展程度、人口性别比、邻近地区影响、工业企业密度等变量后，发现街道尺度的人口密度与PM2.5浓度呈显著的正相关关系。实证结果显示，污染的集中和交通拥堵效应大于与密度相关的交通模式转换效应。

（3）紧凑空间形态对社会资本的影响。我们根据2014年中国劳动力动态调查（包括3 856个城市居民）的调查数据，在结构方程模型基础上，分析社区人口密度、土地利用多样性、到公交站距离、外来人口比例、贫困率对社会资本的影响。研究发现高社区人口密度与社会资本（社区内的熟人、信任、互助）总体呈负相关关系。一方面，高社区人口密度会减少社区安全感，进而降低社会资本。另一方面，高密度增加通勤时间，减少了人们的社会交往时间。

（4）紧凑空间形态对健康的影响。我们根据2010—2012年间的中国家庭追踪调查数据（包括15 356个观测值），采用结构方程模型，分析社区人口密度、到公交站距离等变量与超重的相关性。结果发现，社区人口密度增加居民肥胖。这表明虽然社区人口密度能通过促进机动化出行减少肥胖，但总体仍与BMI正相关。主要原因可能包括五个方面：出行模式选择的边际效应递减效应，即高密度不再增加非机动化出行；高密度造成餐饮设施密集，外出就餐频率提高；出行距离短，消耗少；人均活动空间减少，静态活动时间变长；快速的城市生活节奏，吃饭快，睡眠少。

基于2012年的中国劳动力动态调查数据（包括4 114个城市居民），通过聚类稳健的线性回归（多层次模型作为稳健）模型，我们发现城市人口密度与BMI呈U形线。所以，当城市人口密度在U形线左侧时，提高人口密度会促进非机动化出行；当城市人口密度在U形线右侧时，提高人口密度会造成活动空间的减少、污染等问题，继而增加肥胖。

当我们用反映腹部脂肪累积的腰臀比指标作为衡量肥胖的标准时，发现了同样的结果。利用2004年、2006年、2009年和2011年的中国健康与营养追踪调查数据，采用固定效应模型，发现社区人口密度与腰臀比呈U形，说明了高人口密度通过减少居民身体活动时间，增加了居民腰臀比。

（5）紧凑的空间形态对幸福感的影响。我们运用2012年中国劳动力动态调查数据和多层定序逻辑模型的研究显示，城市和社区人口密度均与居民幸福感呈负相关，潜在的机制是，过高的人口密度带来交通拥挤、犯罪率上升等，进而降低了居民幸福感。

4. 总结启示

通过紧凑空间形态对上述五个方面的影响，我们得出结论：在高密度的中国情景，过度紧凑的城市空间形态降低了城市宜居性，即过高密度会增加居民通勤时间、增加污染物排放、降低居民社会资本、损害居民身体健康（肥胖）、降低居民幸福感。因而，以北美为代表的低密度发达国家提倡紧凑发展以改善交通、环境和居民健康，但这一理念不符合我国高密度发展的国情。我们迫切需要针对中国情境探究紧凑的建成环境影响居民健康、出行、环境、幸福感的一般性规律。我们的一系列研究首次揭示了紧凑的城市空间形态与宜居的倒U形规律，为促进宜居城市建设和提高人民生活质量提供了理论依据与实践路径。在推崇紧凑发展模式同时，应注意消除人口密度过高所带来的集聚不经济并努力提升其积极作用。同时，对集聚不经济的学术探讨仍然需要更多的关注。

中国国情下的适老化改造机制探索[1]

周国荣
上海地产集团养老产业投资有限公司业务总监

1. 上海老龄化的现状

上海已经迈入了超高龄社会。按照联合国的统计标准，65岁以上人口占总人口比例超过20%即为超高龄社会，上海为24.6%。日本的超高龄比例达到了27.7%，在老龄化这件事情上，上海是在跑步追赶的，从图1可以看到：① 上海市老龄化基数大，程度高；② 上海市老龄化进程非常快；③ 老龄人口的高龄化。由于养老成本、文化观念、消费观念等造成图2的9073的养老格局，90%的老年人居家养老，居家养老已经成为绝对的主流。

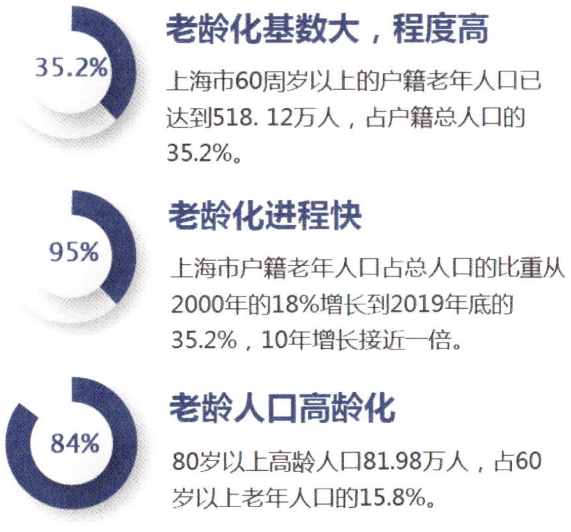

图1　上海市老龄化现状

2. 适老化改造的必要性

要实现健康安全的居家养老，适老化改造是首先要解决的问题。原因有如下四点：① 上海纯老和独

1　本文摘自作者在“上海—东京城市管理精细化研讨会”上的演讲。

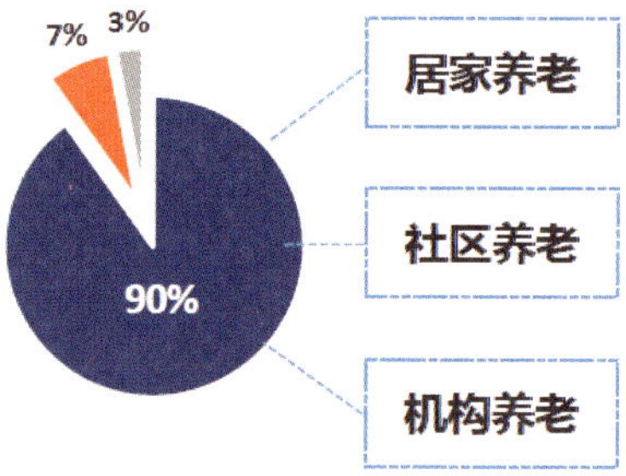

图2 9073养老格局

居家庭较多。上海市老年人居住形态显示，46.9%的老人为纯老家庭，其中11.8%的老人为独居，需要环境的适老化改造以支撑。② 老旧住房居多，普遍不适老。有81.6%的老人居住在2000年以前建造的房屋中。这些小区与房屋问题多，普遍缺少安全防护与适老设施。③ 老人健康状况一般，带病生活周期长。约有81%的老人有慢性疾病，其中18.3%处于失能、半失能状态。④ 摔倒成为意外伤亡首因，预防是关键。65岁以上老年人每年发生1次摔倒比例已达20% ～ 30%，跌倒是老人意外伤害与死亡的首要原因，且跌倒场合多在居室内。由此可见，适老化改造势在必行。

3. 适老化改造的空间类型及改造要素

适老化改造可以分成三个维度来讲，分别是公共空间、楼道空间、居家环境。在公共空间的改造上，要着重于环境安全性、功能复合性和促进社交三方面，包括通行无障碍的环境、公共休闲活动或健身场所、休憩缓冲空间与设施、引导标识、夜间照明等。操作方式上由政府主导。在楼道空间的改造上，要着重于空间安全性、功能补偿方面，包括加装电梯、助力支撑类设施、楼层标识、休憩缓冲设施、增强照明等。操作方式上由社区与非政府组织主导。在居家环境的改造上，从提前预防角度出发，着重于空间安全性、便利性、舒适性，身体机能的代偿或补偿方面，包括通行无障碍、地面防滑、助力支撑、适老家具、护理康复辅具配置等。操作方式以政府主导为主，少量居民自发。

4. 居家环境的适老化改造

居家环境适老化改造是根据老年人身体状态和家庭环境评估的情况，对老年人居住的房屋进行适度功能改造，消除风险因素，增加适老的设施设备，创造适合老年人身体机能、行动特点、生活习惯的居家环境，以更利于老年人通行、洗澡、如厕、休息等日常生活，缓解老年人因生理机能变化导致的生活不适应，以有效提升居家养老的安全性、便利性与舒适性，提高晚年生活品质。

居家环境适老化改造的意义与作用主要体现在两个层面。

首先是政府层面。其一，上海在打造全球的卓越城市，以应对深度老龄化冲击。在城市发展从增量扩张到存量更新的趋势下，通过渐进式、可持续的有机更新，应对“银发浪潮”冲击，构建以人为本、全龄共享的健康人居环境。其二，可以提升公共资金的配置效率，很少的投入可以撬动政府财力的优化。将公共资金用于适老改造，通过提前预防，减缓老年人身体老化速度，减少意外伤害，节省不必要的医保支出。

其次是家庭层面。其一，可以提高老年人的自立性，提升生活品质。增强老年人的生活自理能力，对于人格尊严的保持、自信心及生活积极性的建立十分关键。其二，可以减轻照护压力和经济压力，以提前预防代替事后补救，减少因摔倒带来的身体伤害、给家庭带来的护理负担和医疗支出压力。其三，可以减少护理压力，让家庭关系更和谐。现在是一个少子化时代，家庭结构比较小型化。一旦发生这种意外，其护理压力是非常大的。通过增强老人自力以及护理设备的使用，减轻照护工作量，降低难度。护理人员负担减轻，老人因被照顾而产生的愧疚感会缓解，家庭氛围会更轻松。

我们在做居家环境适老化改造时存在一定的操作瓶颈，包括以下五点：① 普遍缺乏适老改造的意识，实际需求刚性，但消费动力不足。② 市场化、专业化的服务供应缺失，老人需求无法满足，企业进入积极性不高。③ 技术规范覆盖不全，操作标准缺失。④ 资金来源单一，主要依赖政府补贴，覆盖面小，不可持续。⑤ 政策机制不够成熟，兜底为主，引导性不足。总结起来就是：理念待普及，产业未形成，供需两不旺，倚赖政府主导。因而我们也在做上海市住宅适老化的导则，希望改善这样的情况。

5. 居家环境适老化改造服务平台

基于上述情况，上海地产集团与上海市民政局合作创建了上海市居家环境适老化改造服务平台（图3），面向上海全市老年家庭提供适老化改造一揽子服务。这个平台在形式上有一个比较大的创新，采取“政府监管+功能性国企运营管理+市场化主体参与+市场化机制运作”的模式，是首个采用这种形式的适老化项目。这个操作机制有四个突破：① 政策导向的突破。从政府包揽，变成引导产业培育。以前政策出发点是为困难老人做兜底保障，现在的政策出发点是发挥财政资金杠杆效应，撬动需求，吸引社会资金、资源形成聚集效应，促进产业形成。② 支付方式的突破。从政府全额补贴，变为“政府补贴一点，企业让利一点，居民自负一点”相结合，资金来源更多样。能以有限的政府资金覆盖、拉动更多的人。③ 覆盖人群与规模的突破。突破了单一依赖政府资金的限制，激发市场的内生潜力。将居家环境适老改造从一项针对少量困难老人的特殊服务变成一项覆盖普通老人的公共服务。④ 操作模式的突破。政府从大包大揽，变成搭建平台，聚集需求，吸纳市场化企业提供服务，进行产业化孵化。通过引入功能性国企进行运营管理，在专业规范的管理下，让供需双方都得到壮大。

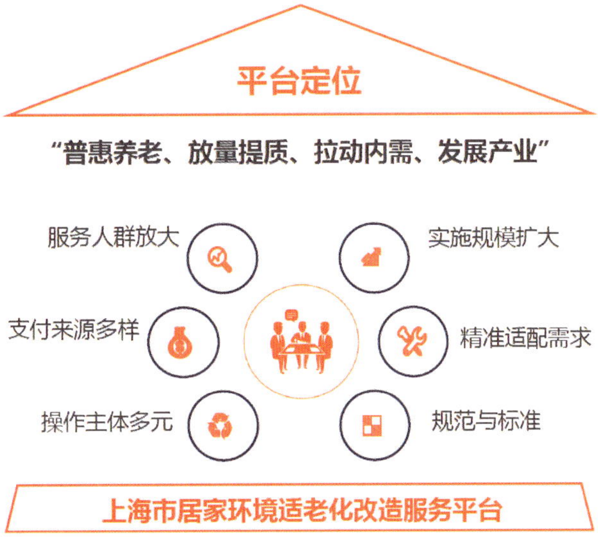

图3　上海市居家环境适老化改造服务平台

上海市居家环境适老化改造平台的操作流程如下：① 本人进行改造申请。② 市民政局进行补贴审核。③ 平台专业人员上门评估。评估分四个维度：评估老人身体情况；评估老人居住环境，其居住的房子的建造年代、形态等；评估老人的居住情况，是独居还是和子女同住，有没有照顾的需求；评估老人的个人意愿，我们从专业角度提出一些意见，但是老人从自己的生活习惯和支付能力出发，也会有一些想法。我们要综合上述情况进行上门评估，形成评估报告。④ 评估过后就是方案设计阶段。在跟老人充分沟通之后形成具体的设计方案。⑤ 安装和施工改造。⑥ 施工完成后，申请人进行验收。⑦ 补贴结算。平台提供结算资料，区民政局和街道审核，进行补贴结算。⑧ 平台提供持续服务。平台会监督施工服务商根据合同约定履行售后服务，要求其必须提供两年质保。

上海市居家环境适老化改造平台可以提供多层级的改造服务。首先，提供一些功能性的产品配置，保障老人安全性最必要的一些设施。比如安装扶手、防滑设施、智能化的远程监控设备。以上措施对老人的生活影响是最小的。其次，针对性的局部改造。例如将浴缸改为淋浴，因为很多老年人根本没有能力跨到浴缸里面去洗澡。如果不进行改造，他们五年十年都无法好好地洗一个澡，只能用擦洗的方式来完成身体的清洁。最后，针对全屋或部分空间的适老化改造，主要体现在卫生间和厨房。现在我们也做了一个场景性的产品库，从卫生间、玄关、楼梯、过道等来引导有效的适老化改造。

我们近期做了一个比较有代表性的卫生间整体改造。申请人是一个重症肌无力患者，无法自主行动，需要老伴照顾。而他的家中存在如下问题，有安全风险：① 卫生间门洞过窄，轮椅无法通过，且洗衣机放置在门背后，门无法完全打开；② 淋浴房有台阶，轮椅无法推入，淋浴房空间狭窄，助浴极为不便；③ 台盆柜占据空间过大，卫生间更局促；柜脚不合理，洗漱不便。我们针对上述情况做了改造方案：① 扩大卫生间门洞，安装三联动移门，方便轮椅通行；② 拆除淋浴房，设置无障碍淋浴区，方便护理老人洗浴；③ 无障碍快排地漏、防滑保温地膜；④ 安装无障碍台盆，将洗衣机移置台盆旁，布局更合理；⑤ 升级智能马桶便盖；⑥ 墙面铺贴快装板材，快速施工、防水防污（图4、图5）。

改造前

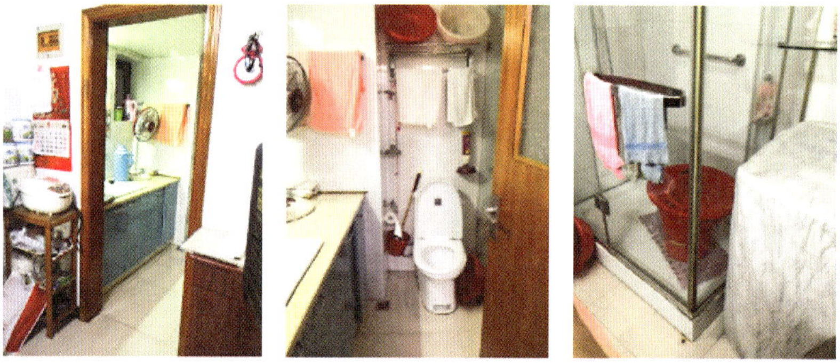

改造后

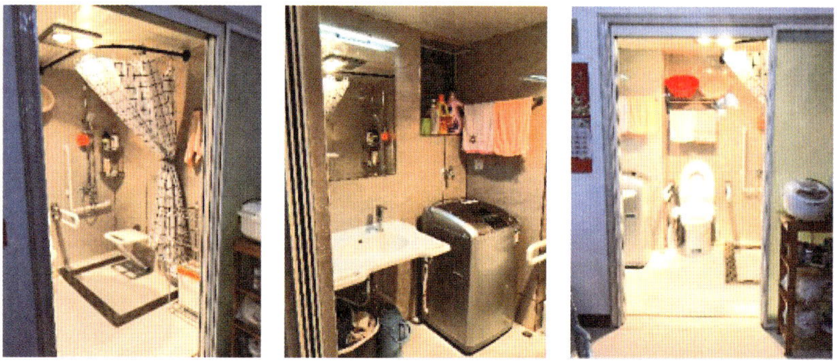

图4　改造前后对比

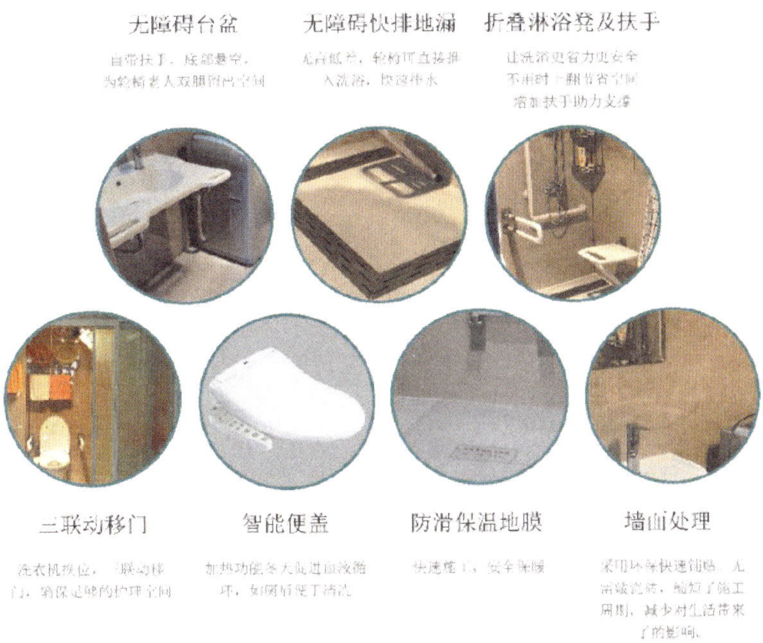

图5　关键产品配置

很多老人的既有住宅改造的同时，还要住在里面，因此我们必须要采取快速施工工艺。按照正常的施工工艺需要21天或更长时间，而我们只需要12天时间就可以完成整个适老化卫生间的改造工程。

上海未来成千上万的家庭都会选择居家养老，希望让他们更好地享受安全舒适的家庭！

附录　2020年“世界城市日”主题活动、系列活动

时　间	活动名称	主　题	地　点	主办单位	标识
4—12月	2020世界城市日青少年系列活动（课、赛、展、会）	智慧城市-携手创造	上海市、长三角相关城市	上海世界城市日事务协调中心、上海侨爱公益发展交流服务中心	系列活动
5月8日	城市生命线、健康DNA云论坛	城市生命线健康DNA	上海市湾谷科技园	中国勘察设计协会民营设计企业分会、上海勘察设计协会民营设计企业分会、NEW^{3}新立方	系列活动
6月30日	“世界城市日——青少年创新嘉年华”启动仪式	智慧城市，为人类创造更美好的生活	上海电视台	上海世界城市日事务协调中心、上海侨爱公益发展交流服务中心、上海炫动传播有限公司	系列活动
7月30日	世界建筑环境论坛中国峰会2020	突发公共卫生事件视角下的韧性城市建设	上海静安香格里拉大酒店	英国皇家特许测量师学会（RICS）	系列活动
8月4—18日	2020乡土建筑传习营—歙县站	传承匠作体系、赓续文化生态	安徽省黄山市歙县	中国文物保护基金会乡土建筑保护与发展专项基金管委会	系列活动
8月17日	“世界城市日青少年公益基地——海上书画艺术苑”揭牌仪式	爱城市，爱未来——全球少年儿童绘画公益行	上海羽瓦台美术馆	上海侨爱公益发展交流服务中心、上海书画院	系列活动
9月24日	2020世界城市日推广活动启动仪式	提升社区和城市品质	上海世博会博物馆	上海世界城市日事务协调中心、上海世博会博物馆、上海交通大学中国城市治理研究院	系列活动
10月22日	RICS“洞见未来”苏州峰会	城市空间的智慧创造运营	苏州W酒店	英国皇家特许测量师学会（RICS）、苏州工业园区楼宇经济促进会、苏州恒泰控股集团有限公司	系列活动
10月30日—11月1日	2020年世界城市日中国主场活动	提升社区和城市品质	福州海峡国际会展中心	住房和城乡建设部、福建省人民政府、联合国人居署	主场活动

（续表）

时　间	活动名称	主　　题	地　　点	主办单位	标识
10月31日	2020年世界城市日全球主场活动	提升社区和城市品质	肯尼亚纳库鲁	联合国人居署、肯尼亚纳库鲁市政府	主场活动
10月31日	2020全球城市地下空间开发利用上海峰会云会场	未来城市地下空间开发利用中的文化与创新	上海科学会堂	联合国人居署、国际地下空间联合研究中心、上海市住房和城乡建设管理委员科学技术委员会、上海市城市科学研究会	系列活动
10月31日	2020世界城市日青少年系列活动——智慧城市-青少年创新嘉年华	智慧城市携手创造	上海长宁国际发展广场	上海世界城市日事务协调中心、上海侨爱公益发展交流服务中心、世界城市日青少年公益基地、上海市慈善教育培训中心、上海市青少年活动中心、哈哈炫动卫视	系列活动
10月31日	2020世界城市日-上海论坛	提升社区和城市品质	上海设计中心南馆	上海市规划和自然资源局、上海市住房和城乡建设管理委员会	主题活动
10月31日	2020纪念中国上海世博会举办十周年暨石库门城市更新论坛	世博与石库门城市更新	上海市档案馆外滩馆十楼报告厅	上海市档案馆、中国社会科学院上海市人民政府上海研究院、上海市黄浦区政协、上海世界城市日事务协调中心、上海全球城市研究院、上海记忆石库门史料发展研究中心（筹）	系列活动
10月31日	2020年世界城市日上海主场暨全球城市论坛	提升社区和城市品质	上海中心大厦	联合国人居署、上海市住房和城乡建设管理委员会、上海市政府发展研究中心、上海交通大学	主题活动
11月1日	2020全球城市论坛	提升社区和城市品质	上海交通大学文治堂	上海市人民政府发展研究中心、上海市住房和城乡建设管理委员会、上海市应急管理局、上海交通大学、联合国人居署、世界银行	主题活动
11月12日	德国卡塞尔2020智慧城市发展论坛	智慧城市	德国黑森州卡塞尔市	上海市城市建设设计研究院集团有限公司、同济大学特种土木工程技术研究所	系列活动
11月12—13日	运动营城——健康中国与活力城市国际高峰论坛	运动营城	杭州洲际酒店	上海市建筑学会城市设计与规划专业委员会、中国建筑学会会员之家、NEW^{3}新立方	系列活动
11月25—27日	2020上海国际城市与建筑博览会	健康城市　美好生活	国家会展中心（上海）	联合国人居署、上海市住房和城乡建设管理委员会	主题活动

（续表）

时　间	活动名称	主　　题	地　　点	主办单位	标识
11月27—28日	上海市建筑学会2020年学术高峰论坛	塑造可持续发展的韧性城市	上海万达瑞华酒店	上海市建筑学会、《建筑实践》	系列活动
12月25日	2020上海-东京城市管理精细化研讨会	关注安全风险 共享美好生活	上海城投（集团）有限公司报告厅	上海市住房和城乡建设管理委员会	系列活动
12月26—27日	第一届学生“科技×公益主题Hackathon（创客马拉松）”	科技×公益	中国上海奕桥Bridge+联合办公空间	益科技、上海玛娜数据科技发展基金会、NGO2.0（深圳市图鸥公益事业发展中心）	系列活动

后记

世界城市日是首个由中国政府倡议并经联合国大会批准设立的国际日，也是2010年中国上海世博会的重要精神遗产。自2014年以来，世界城市日秉承"城市，让生活更美好"的宗旨，不断提升国际社会对全球城市化进程的关注，促进各国城市分享和研习城市治理各个层面的经验，携手应对城市化进程带来的机遇和挑战，已成为推进全球城市可持续发展的重要平台。

为进一步汲取全球智慧，推进全球城市可持续发展，打造世界城市日品牌效应，近年来我们通过汇集全球各地在世界城市日重大活动中形成的城市可持续发展最新理念和城市治理最新成果，已先后出版了中英文版《2017年世界城市日活动成果精粹》《世界城市日活动成果精粹·2018》《世界城市日活动成果精粹·2019》。

2020年，围绕年度主题"提升社区和生活品质"，世界城市日全球主场肯尼亚纳库鲁、中国主场福州市及上海等城市先后举行了20多场层级较高、规模较大、影响较广的论坛、展览、推广、培训、比赛等世界城市日主题、系列活动。联合国副秘书长、人居署执行主任迈穆娜·穆赫德·谢里夫女士等多位中外嘉宾在各类活动中作了精彩演讲和交流，共有来自德国、英国、加拿大、新加坡、丹麦、肯尼亚、俄罗斯、哈萨克斯坦、日本等13个国家的学界、政界、业界代表,以线上+线下形式参与了世界城市日的各类活动，参与活动总人数达10万人次以上。《人民日报》、新华社、人民网等中央级媒体和上海发布、新浪网等各大门户网站多次刊发报道,《解放日报》刊发深度专题报道,《纽约时报》广场大屏播放宣传片，为提升世界城市日知晓度和影响力发挥了重要作用。

作为2020年世界城市日重要活动的成果记录,《世界城市日活动成果精粹·2020》一书汇集并精选国内外嘉宾在2020年世界城市日系列活动中的精彩演讲，内容涵盖创新发展与城市数字化建设、社区治理与城市有机更新、应急管理与韧性城市建设、历史传承与人文城市发展、绿色发展与宜居城市创建等议题，以期同读者分享各国城市经济社会转型发展与城市建设和治理的经验成果。同时，为进一步彰显世界城市日品牌影响力，本书将在新华书店及线上渠道同步发行和推介。

本书的编纂工作获得了联合国人居署等国际机构以及国内外社会各界的大力支持和帮助，在此致以诚挚的感谢。

本书编辑部

二〇二一年十月